Philipp Hübl ist Philosoph und hat Theoretische Philosophie an der RWTH Aachen, der Humboldt-Universität Berlin und als Juniorprofessor an der Universität Stuttgart gelehrt. Danach war er Gastprofessor für Philosophie und Kulturwissenschaft an der Universität der Künste Berlin. Er ist Autor des Bestsellers »Folge dem weißen Kaninchen« (2012), der Bücher »Der Untergrund des Denkens« (2015), »Die aufgeregte Gesellschaft« (2019) und »Moralspektakel« (2024) sowie von Beiträgen unter anderem in der *Zeit, FAZ, taz, NZZ, Welt, FR*, im *Standard*, Deutschlandradio und *Philosophie Magazin*. Hübl hat Philosophie und Sprachwissenschaft in Berlin, Berkeley, New York und Oxford studiert.

Bullshit-Resistenz in der Presse:
»Wie man in all dem Müll, den das Internet so hervorbringt, zur Wahrheit und Klarheit findet. Ein praktischer Almanach für die Jackentasche.« *Christian Seidl, Berliner Zeitung*

Außerdem von Philipp Hübl lieferbar:
Folge dem weißen Kaninchen

PHILIPP HÜBL

BULLSHIT RESISTENZ

Wie wir uns vor Lügen, Fake News und Verschwörungstheorien schützen können

PENGUIN VERLAG

Der Titel ist erstmals 2018 bei
Nicolai Publishing & Intelligence GmbH, Berlin,
erschienen und wurde für die vorliegende Ausgabe
überarbeitet und aktualisiert.

MIX
Papier | Fördert
gute Waldnutzung
FSC® C014496

Verlagsgruppe Penguin Random House FSC® N001967

1. Auflage 2024

Covergestaltung: total italic/Thierry Wijnberg
Satz: satz-bau Leingärtner, Nabburg
Druck und Bindung: GGP Media GmbH, Pößneck
Printed in Germany
ISBN 978-3-328-11152-8
www.penguin-verlag.de

INHALT

SCHLECHTE NACHRICHTEN
BULLSHIT IST ÜBERALL

Früher war die Welt noch in Ordnung. Da hatten Lügen im kleinen Familienkreis keine Auswirkung auf die Weltpolitik. Jetzt, in Zeiten digitaler Netze wie Facebook, Instagram, TikTok und Twitter/X, können sie internationale Konflikte auslösen. Ein Beispiel: Sie sei von drei »Südländern« vergewaltigt worden, erzählt die 13-jährige Lisa F. aus Berlin-Marzahn, als sie am 12. Januar 2016 nach Hause kommt.[1] Am Tag zuvor haben die deutschrussischen Eltern sie als vermisst gemeldet, weil sie nach der Schule nicht zurückgekehrt ist. Die Nachricht gelangt an die Presse und verbreitet sich schnell in den russischsprachigen sozialen Medien. Wie sich bald darauf herausstellt, hat Lisa F. gelogen, weil sie Probleme in der Schule hatte. Sie hat bei einem Bekannten übernachtet. Trotz einer Stellungnahme der Polizei breitet sich die Geschichte der Vergewaltigung weiter aus. Ein russischer Staatssender bezichtigt die deutschen Behörden der Vertuschung.[2] Vor dem Kanzleramt in Berlin demonstrieren 700 Menschen für Lisa F.[3] In Berlin-Marzahn demolieren Russlanddeutsche den Eingangsbereich eines Flüchtlingsheims und verletzen den Wachmann. Noch zwei Wochen später wirft der russische Außenminister Sergei Lawrow den deutschen Behörden vor, »die Wirklichkeit …

politisch korrekt zu übermalen«, wofür ihn der damalige deutsche Außenminister Frank-Walter Steinmeier scharf kritisiert.[4]

Der Fall »Lisa F.« ist eine von zahlreichen Falschmeldungen, die in jüngster Zeit politische Bedeutung erlangten. Anfang Dezember 2016 reist Edgar Maddison Welch von North Carolina nach Washington D.C. und stürmt mit einem Gewehr die Pizzeria *Comet Ping Pong*, weil er im Internet gelesen hat, dass von dort ein Kinderpornographie-Ring agiert, dem auch Hillary Clinton angehört. Er feuert drei Schüsse ab, verletzt zum Glück niemanden und wird verhaftet. Der Schütze Welch hing einer im Internet weitverzweigten Verschwörungstheorie an, die sich unter dem Hashtag *#pizzagate* verbreitet hat.[5]

Ende Dezember 2016 liest der pakistanische Verteidigungsminister Khawaja Asif auf einer Webseite den Text »Israels Verteidigungsminister: Falls Pakistan unter irgendeinem Vorwand Truppen nach Syrien schickt, werden wir dieses Land (Pakistan) mit einem Atomangriff zerstören«.[6] Asif schreibt daraufhin über den Nachrichtendienst Twitter/X: »Israel vergisst, dass Pakistan auch eine Atommacht ist.« Die Nachricht auf der Webseite war frei erfunden.

Im Jahr 2012 verkündet die iranische Nachrichtenagentur Fars, wenn weiße US-Amerikaner aus ländlichen Gebieten die Wahl hätten, würden sie laut einer Umfrage eher für den iranischen Präsidenten Mahmud Ahmadinedschad stimmen als für Barack Obama. Zudem würden 77 Prozent lieber zusammen mit Ahmadinedschad zu einem Baseballspiel gehen als mit Obama. Diese Nachricht stammt von der Satire-Webseite *The Onion*, von der die Nachrichtenagentur

Fars wörtlich abgeschrieben hat, ohne zu bemerken, dass es sich um einen Scherz handelt.[7]

Im Zeitalter der digitalen Medien stehen Falschmeldungen, Satire und offensichtliche Verschwörungstheorien unterschiedslos neben gut recherchierten Nachrichten. Das Problem ist offenbar nicht auf die Rezipienten[8] der sozialen Medien beschränkt, sondern betrifft auch die Produzenten von Nachrichten. Manchen Mediennutzern scheint es schwerzufallen, Wahrheit und Unwahrheit zu unterscheiden. So kann Bullshit manchmal internationale Bedeutung erlangen.

In diesem Buch geht es um Bullshit im Zeitalter der digitalen Medien, und zwar in der weiten Alltagsbedeutung von »Unfug aller Art«, also um Lügen, Fake News, Verschwörungstheorien, Pseudowissenschaft und Geschwurbel. Im deutschen Sprachgebrauch bezeichnet »Bullshit« nämlich inzwischen wie im Englischen alles, was falsch, gelogen, irreführend, unverständlich oder einfach so daher gesagt ist.

»Bullshit« ist aber außerdem ein philosophisches Fachwort. Die philosophische Lesart ist enger gefasst und zielt nicht auf das Ergebnis, sondern auf den Vorgang, also die Bullshit-Produktion. Darum wird es ebenfalls in diesem Buch gehen. Der amerikanische Philosoph Harry Frankfurt bezeichnet eine Person als »Bullshitter«, wenn sie einfach etwas behauptet, ihr die Wahrheit ihrer Aussage aber egal ist.[9] Im Gegensatz zum Lügner sagt der Bullshitter nicht absichtlich etwas Falsches, sondern nimmt die Unwahrheit billigend in Kauf, zum Beispiel, weil er gebildet wirken möchte oder weil er online Geld mit gefälschten Geschichten verdienen will, die Aufmerksamkeit und damit Werbeeinnahmen erzeugen.

Neben dem *Lügner*, der absichtlich die Unwahrheit sagt, und dem *Bullshitter*, dem die Wahrheit egal ist, gibt es nach meiner Analyse noch einen dritten Typus, und zwar den *Trottel*, der fahrlässig im Umgang mit der Wahrheit ist. Der Trottel macht sich nicht die Mühe, eine Information auf ihre Plausibilität oder ihre Quelle hin zu überprüfen, sondern denkt: »Wird schon stimmen.« Die Übergänge zwischen den drei Typen sind fließend. Entscheidend ist: Alle drei vermehren den Unfug in der Welt. Und wir alle waren schon Lügner, Bullshitter und vor allem Trottel. Wir haben einfach etwas geglaubt, weitererzählt und weitergeleitet, ohne es gründlich zu prüfen.

In den letzten zehn Jahren hat sich die mediale Öffentlichkeit radikal verändert. Dabei stechen drei wesentliche Faktoren hervor. Erstens sind alle Menschen inzwischen zu *Autoren* geworden, denn durch die sozialen Medien ist es jedem Einzelnen möglich, sich anderen mitzuteilen, potentiell Tausende Menschen zu erreichen und durch Informationen zu beeinflussen. Experten wie Journalisten oder Wissenschaftler sind also keine »Gatekeeper« mehr, Torhüter des Wissens, die entscheiden, welche Informationen an die breite Öffentlichkeit gelangen.

Zweitens haben sich in den letzten Jahren die *technischen Möglichkeiten*, Nachrichten, aber auch Fotos und Filme zu fälschen, exponentiell verbessert - vor allem durch Künstliche Intelligenz, also AI-Programme wie ChatGPT, DALL•E2 oder Midjourney, die täuschend echte Texte, Bilder und Videos generieren sowie durch Bots, also durch Computerprogramme, die online menschliches Verhalten imitieren.[10] Selbst Experten fällt es daher schwer, echte Videos und Nachrichten von gefälschten zu unterscheiden. Der Satiriker Snicklink hat beispielsweise ein Interview der Umweltaktivistin Greta Thunberg so bearbeitet, dass es schien, als würde sie sich für »klimafreundliche Kriege«, »vegane Handgranaten« und »biologisch abbaubare Raketen« einsetzen.[11] Obwohl am Rand des Videos der Warnhinweis »Satire« eingeblendet war, haben so viele Mediennutzer das Interview für authentisch gehalten, dass sich die Nachrichtenagentur Reuters veranlasst sah, einen Artikel zu veröffentlichen, der die humoristische Fälschung entlarvte.[12]

Schon ohne große Technik kann man Menschen mit einer geschickten Kombination aus Wort und Bild in die Irre führen, wie der Physiker Etienne Klein es getan hat, der auf Twitter/X voller Begeisterung ein hochauflösendes Bild von Proxima Centauri, einem etwa 4,2 Lichtjahre entfernten Stern, gepostet hatte, aufgenommen vom James Webb Space Telescope. Tatsächlich hat der Direktor des französischen Forschungszentrums für Kernenergie das Foto einer Salamischeibe verwendet, um scherzhaft vor unserer »Autoritätshörigkeit« zu warnen.[13]

Der dritte Faktor für eine radikal neue Öffentlichkeit ist eine *gefühlte Dauerkrise*. Zwar ist die Welt so friedlich und sicher wie nie zuvor in der Menschheitsgeschichte.[14] Doch durch einen nie abbrechenden Strom von drastischen Nachrichten haben wir den Eindruck, alles werde immer schlimmer.[15] Gerade wenn wir existenzielle Fragen öffentlich verhandeln, in denen es um Krieg und Gewalt, Leben und Tod, Sicherheit und Gesundheit geht, sind wir besonders anfällig für sogenannte *identitätsschützende Denkfehler*. Wie sich später im Buch zeigen wird, neigen wir dazu, Informationen gerade dann zu konsumieren und weiterzuverbreiten, wenn sie unseren Wertvorstellungen entsprechen und wenn sie starke moralische Emotionen wie Hoffnung, Angst, Abscheu oder Empörung in uns hervorrufen.

So war die Coronapandemie in den Jahren 2020 bis 2022 ein Schallverstärker für Fake News, Verschwörungstheorien und Wissenschaftsfeindlichkeit. Zahlreiche Menschen haben nicht nur die Existenz des Virus geleugnet oder dunkle Mächte hinter der Impfkampagne ihrer Regierung vermutet, sondern auch den Virologen Christian Drosten und andere Fachleute in den sozialen Medien heftig angefeindet, wenn diese Nachrichten überbrachten, die die Leugner der Pandemie oder die Kritiker der Kontaktbeschränkung nicht wahrhaben wollten.[16] Wissenschaftler wurden sogar von Journalisten attackiert, wenn sie den Maßnahmen der Bundesregierung während der Pandemie kritisch gegenüberstanden - wie beispielsweise Drostens Kollege, der renommierte Virologe Hendrik Streeck, der eine mediale Hetzkampagne über sich ergehen lassen musste.[17]

Die jüngste Quelle für teils unsägliche Fake News und politische Propaganda sind Russlands Angriffskrieg gegen die Ukraine und der Krieg zwischen Israel und der palästinensischen Terrororganisation Hamas im Gazastreifen, nachdem diese bei einem Anschlag in Israel im Oktober 2023 mehr als 1200 Zivilisten brutal ermordet hatte. Die jeweiligen Konfliktparteien fechten nicht nur einen militärischen Konflikt, sondern auch einen Propagandakrieg aus, in dem Bilder und Nachrichten zu medialen Waffen werden, auf die gelegentlich sogar seriöse Rundfunkanstalten hereinfallen wie die britische BBC, die 2023 berichtete, israelische Truppen hätten im Gazastreifen bei einem Einsatz in einem Krankenhaus die behandelnden Ärzte attackiert - eine Falschmeldung, die sie daraufhin korrigieren musste.[18] Zusätzlich ist die Diskussion über diese kriegerischen Konflikte zu einer Stellvertreterdebatte für die politische Positionierung in der Öffentlichkeit geworden, in der es oft nur um moralische Selbstdarstellung und nicht um die Lösung politischer Probleme geht.[19]

Wie ich in diesem Buch zeige, ist durch die Verbreitung von Fake News, Verschwörungstheorien und anderem Bullshit in den sozialen Medien die Demokratie in Gefahr.[20] Denn um das Leben der Menschen zu verbessern, sei es mit politischen Maßnahmen, Impfungen gegen Pandemien, Lieferungen von Hilfsgütern oder dem Bau von Kitas in der Nachbarschaft, muss man sich in einer Gesellschaft zuallererst auf eine faktische Grundlage einigen, also darauf, wie es sich tatsächlich verhält.[21] Der viel diskutierte Vorschlag jedoch, durch neue Gesetze oder bessere staatliche Kontrolle Bullshit einzudämmen, entspringt einer falschen Idee. Wir können die Bewertung von Informationen nur bis zu einem bestimmten Punkt delegieren und schon gar nicht allein den Staatsorganen überlassen. Am Ende sind wir immer auf uns selbst gestellt.

Meine These lautet: Die Verantwortung für die Wahrheit liegt bei jedem Einzelnen. Um die Demokratie und uns selbst vor Bullshit zu bewahren, müssen wir selbst resistenter, also widerstandsfähiger werden. Die dafür benötigte *Bullshit-Resistenz* bedeutet nicht nur, dass wir uns vor Fake

News, Verschwörungstheorien und anderem Unfug schützen, sondern auch, dass wir uns selbst davor bewahren, zum Lügner, Bullshitter oder Trottel zu werden. Insofern steht Bullshit-Resistenz in der Tradition der Aufklärung.

In seinem Aufsatz »Beantwortung der Frage: Was ist Aufklärung?« hat Immanuel Kant seinen Lesern geraten, sich des eigenen Verstandes zu bedienen, aber leider nicht ausgeführt, wie das im Detail auszusehen hat.[22] Kants Ratschlag, selbst zu denken, richtet sich vornehmlich gegen den Dogmatismus der Religionen. Heutzutage muss man ihn auf alle Arten ideologischer Beeinflussung ausweiten.[23] Selbst zu denken heißt auch, sich selbst gegen Bullshit zu schützen. Und dafür muss man auf fünf Fragen eine Antwort geben.

- Erstens: Warum lügen und täuschen Menschen?
- Zweitens: Was ist Wahrheit?
- Drittens: Warum breitet sich Bullshit im Internet aus?
- Viertens: Warum sind wir überhaupt anfällig für Bullshit?
- Fünftens: Wie können wir uns davor schützen?

Um diese fünf Fragen geht es in den folgenden Kapiteln.

KAPITEL 1
TÄUSCHUNG UND LÜGE

Die Welt will getäuscht werden

Vor vielen Jahren wohnte ich bei meinem Freund Max[1] in London. Wir waren ständig pleite, konnten uns kaum die Fahrkarten für die London Underground leisten und kamen schon gar nicht an den Türstehern der Nachtclubs vorbei, die eigentlich nur Mitglieder reinließen. Das war Anfang 2004. Er studierte an der London School of Economics, ich arbeitete an meiner Doktorarbeit.

Max war bei einem Studentenjob für die Klatschpresse klargeworden: Wenn man eine gute Geschichte erzählt, muss man es mit der Wahrheit nicht ganz so genau nehmen. So landeten wir in einem winzigen Copyshop in Chinatown, ließen uns Visitenkarten drucken und waren plötzlich die Chefs der Pariser Modelagentur MGM.

Beim ersten Versuch an der Tür eines Clubs war ich noch nervös. Wir behaupteten, dass wir als Modelagentur für unsere Jahresfeier den »besonderen Ort« in London suchten. Diese Geschichte, unser Auftreten und die Visitenkarten erschienen mir so unglaubwürdig, dass ich mir sicher war, wir müssten unverzüglich auffliegen. Der Gedanke an die Entlarvung machte mich noch nervöser. Max riet mir, die Anspannung in eine Anspruchshaltung umzuwandeln. Je mehr ich mir vorstellte, dass ich als Chef von MGM vor einem Club warten musste, desto besser füllte ich meine neue Rolle aus und desto souveräner wurde ich.

Max war gerade sichtbar verwundert darüber, dass das Fax aus Paris nicht eingetroffen war, das unseren Besuch ankündigte. Als die Frau am Einlass seinen Namen nicht auf der Gästeliste finden konnte, legte er ihr die Visitenkarte hin und sagte: »Da steht der Name doch.« Das funktionierte, und wir kamen rein. Schon am nächsten Tag fassten wir den Entschluss, in Zukunft bei den Clubs im Voraus anzufragen. Das wirkte tatsächlich seriöser, und die Besitzer waren jedes Mal begeistert.

Vielleicht war ein Schlüssel zum Erfolg, dass auf meiner Karte »Philipp v. Hannover« stand. Für den Namen konnte ich nichts. Als auf einer Feier eines Juweliers eine Reihe älterer Damen und Herren mit Titeln vorgestellt wurde und ich als Letzter an die Reihe kam, führte mich Max im Scherz als »Prince Philipp of Hannover« in die Gesellschaft ein. Ganz falsch war das nicht. Schließlich stamme ich aus Hannover. Und weil der Juwelier mitspielte und mich seitdem nur noch »Prince Philipp« nannte, zog niemand den Namen in Zweifel. Bis heute wissen wir nicht, ob er selbst daran glaubte oder einfach nur einen deutschen Prinzen bei seiner Feier haben wollte. Der Name verbreitete sich schnell. Bei einem Gartenfest ein paar Wochen später kamen die Kinder der Gastgeberin zu mir und fragten mich ganz aufgeregt, ob ich ein echter Prinz sei. Da konnte ich natürlich nicht »nein« sagen, ich wollte sie ja nicht enttäuschen.

All das geschah, lange bevor ich Thomas Manns *Die Bekenntnisse des Hochstaplers Felix Krull* und Harry Domelas Autobiographie *Der falsche Prinz* gelesen hatte. Manchmal ahmt die Kunst das Leben nach und manchmal das Leben die Kunst. Wenn ich heute an diese Zeit zurückdenke, komme ich mir selbst fremd vor. Gleichzeitig passen die Erlebnisse gut zur psychologischen Forschung über Lüge und Täuschung. Denn erstens täuschen Menschen andere, um sich einen Vorteil zu verschaffen, und sei es nur der Zugang zu einer Party. Zweitens will die Welt getäuscht werden. Die Leute wollten lieber einen Prinzen kennen als einen armen Studenten und halfen daher, ohne es zu merken, dabei, die Geschichte zu bestätigen. Drittens fällt es einem besonders schwer, anderen ins Gesicht zu lügen.[2] Doch man kann die Taten rückblickend leicht vor sich und anderen rechtfertigen, indem man sich einen Grund einredet wie »Wir waren jung und hatten keine Wahl« oder die Geschichten nicht als Lügen, sondern als Strolchi-Charme verkauft. Das ungute Gefühl verschwindet dabei erschreckend schnell.[3] Viertens lügt man umso besser, je mehr man selbst daran glaubt.[4] Und schließlich, fünftens, verspürt man nicht nur den Nervenkitzel, wenn der Streich gelingt, sondern auch ein Gefühl von Macht, dass man die anderen in der Hand hat.[5]

Ein Jahr nach meinem Aufenthalt in London habe ich erlebt, wie sich Täuschung von der anderen Seite anfühlt. Ich war auf einer Party in einem unrenovierten Altbau in Berlin. Der Gastgeber stand am Plattenspieler, und das Bier lag in der Badewanne. Im Wohnzimmer hing ein faszinierendes Gemälde an der Wand, das entfernt an den abstrakten Expressionisten Mark Rothko erinnerte. Der Künstler, so erfuhr ich, sei ein gewisser Tom Collins. Der Name kam mir entfernt bekannt vor, ich konnte ihn aber nicht zuordnen. Vertreten wurde Collins durch eine Galerie, die, wenn ich mich recht erinnere, den Namen »Baco« hatte, als Kürzel für »Berlin Art Company«. Im Internet war über Collins nicht viel zu finden. Er stammte aus den USA, malte gerne in Rottönen zwischen Zinnober und Karmin, und einige seiner Werke konnte man über eBay ersteigern.

Erst später erfuhr ich die ganze Geschichte. Ein Berliner Nachtclubbesitzer hatte sich die Galerie mitsamt ihren Künstlern ausgedacht. Die Bilder malten Kunststudenten aus Bukarest für einen kleinen Lohn, die Biographien von Collins und seinen Kollegen waren frei erfunden. Irgendwann dämmerte mir, warum mir der Name vage vertraut vorkam: Tom Collins heißt ein Cocktail, der aus Gin und Zitrone gemischt wird. Bitter war die Einsicht, dass ich kein Nachwuchstalent entdeckt hatte, sondern einem Schwindel aufgesessen war. Auf den zweiten Blick wirkten Collins' Bilder jetzt auch erschreckend dekorativ. Noch Tage danach ärgerte ich mich, dass ich auf diese billige Täuschung hereingefallen war. Zu allem Überfluss nannte sich der Clubbesitzer auch noch »Philipp«, weil er seinen Geburtsnamen »Rüdiger« nicht mochte.

Auch zu diesem Fall passt die aktuelle Forschung. Menschen sind nämlich oft schlecht darin, Lügen und andere Täuschungen zu enttarnen,[6] vor allem wenn der *Bestätigungsirrtum (confirmation bias)* am Werk ist.[7] Auf der Party aktivierte meine Hypothese »unentdecktes Kunsttalent« meine selektive Wahrnehmung, und so habe ich nur nach positiven Belegen für das Talent gesucht und meinen kritischen Blick gar nicht erst aktiviert.

Die Evolution der Täuschung

Seit Anbeginn der Menschheit gehören Lügen und Täuschungen zum Leben dazu. Wir lügen nicht nur, um uns einen Vorteil zu verschaffen, sondern greifen noch öfter zu Not- und Höflichkeitslügen. Wir lügen in der Familie, wenn wir unseren Kindern nach ihrem missglückten Vorspielen auf der Geige sagen: »Hast du toll gemacht.« Wir lügen in der Partnerschaft, im Beruf und im Freundeskreis. Das fängt mit Komplimenten und der Selbstdarstellung beim Kennenlernen[8] an und endet mit der Antwort auf die Frage »Wie geht es dir?«: »Gut.« Wir versenden die WhatsApp-Nachricht »Ich bin schon auf dem Weg«, obwohl wir das Haus noch gar nicht verlassen haben. Und wir alle haben schon dutzendfach die weitverbreitetste Lüge unserer Zeit mit einem Klick online von uns gegeben: »Ja, ich habe die AGB gelesen.«

Natürlich wird in der Politik gelogen. Und in der Wirtschaft. Das muss gar kein großer Vertuschungsskandal um Emissionswerte von Dieselautos sein.[9] Wer ein Produkt verkaufen will, wird immer die positiven Merkmale herausstreichen und die negativen verbergen. Gerade in der Werbung und im Marketing liegt viel im Zwielicht zwischen Suggestion und Lüge. Das Sicherheitspaket des Telefonanbieters zum Beispiel ist »kostenlos«, schlägt aber nach drei Monaten zu Buche. So steht es im Kleingedruckten, ist also keine Lüge. Aber doch nahe dran. Selbst die Wissenschaft ist nicht gegen Lügen gefeit. Das zeigen immer wieder spektakuläre Fälschungsskandale oder Plagiate bei Doktorarbeiten.

Eine Meta-Analyse in der Lügenforschung, die zahlreiche Einzelstudien zusammenfasst, legt nahe: Menschen mit hohem Bildungsstand lügen grundsätzlich mehr als Menschen mit niedrigem, und Männer lügen mehr als Frauen.[10] Dafür hat das Alter keinen Einfluss auf die Ehrlichkeit: Jugendliche lügen genauso oft wie Erwachsene, Rentner genauso viel wie Berufseinsteiger. Einer Umfrage in den USA zufolge lügen Amerikaner etwa zweimal pro Tag. Aber diese Zahl liegt sicherlich viel zu niedrig, denn Menschen lügen auch, wenn sie Fragebögen von Psychologen ausfüllen.[11]

Beim Lügen handelt es sich dennoch um die Ausnahme und nicht den Normalfall. Gerade weil uns Wahrheit am Herzen liegt, fällt es uns normalerweise schwer zu lügen. In der Evolution hat der Mansch wie viele andere Tiere die Fähigkeit zur Täuschung entwickelt, aber offenbar auch die Hemmung, davon allzu großzügig Gebrauch zu machen. Gerade deshalb stechen die selbstsüchtigen Lügen heraus, wenn sie enttarnt werden. Wir erinnern uns nicht mit Freude an die unzählbaren wahren Aussagen unserer Partner, sondern wir verspüren Zorn, wenn wir an diejenige Situation denken, in der sie uns angelogen haben.

Der amerikanische Evolutionsbiologe John Trivers argumentiert dafür, dass in der Entwicklungsgeschichte zwischen Täuschern und Getäuschten eine Art Wettrüsten stattgefunden hat.[12] Je besser sich Beutetiere tarnten, desto feiner wurden die Sensoren der Jäger. Das war bei unseren Vorfahren nicht anders, die in Gruppen jagten. Täuschung spielt auch in der Gruppendynamik eine Rolle: Wer vortäuschen konnte, stark, einflussreich, verlässlich und fürsorglich zu sein, hatte bessere Chancen, einen hohen Status zu erlangen und so attraktive Partner zu finden, um Nachwuchs zu zeugen.

Da auch hier die anderen in der Gruppe immer feinere Sensoren für Lüge und Betrug entwickelten, setzte ein Wechselspiel zwischen Täuschung und Enttarnung ein. Trivers meint, dass gerade diejenigen beim Lügen am glaubhaftesten waren, die sich selbst darin täuschen konnten, die Besten zu sein, denn sie wirkten beim Lügen besonders authentisch. In schwacher Form findet man diese Neigung in der alltäglichen Selbstüberschätzung. So hielten sich laut einer Studie 94 Prozent aller Professoren für überdurchschnittlich gute Dozenten. Und nahezu 100 Prozent aller Teilnehmer an einer Umfrage an über einer Million Schülern meinten, sie seien überdurchschnittlich freundliche und verträgliche Zeitgenossen.[13]

Trivers liefert aber nicht nur eine überraschende Erklärung für den evolutionären Vorteil der Selbsttäuschung, denn gute Lügner tendieren dazu, sich zu überschätzen, ihre Geschichten selbst zu glauben und damit die anderen für sich zu gewinnen. Er kann auch unsere Fähigkeit und unseren Drang zur Täuschung erklären. Täuschung ist ein soziales Schmiermittel, das sogar in der Eigenanwendung wirksam ist. Wir erwarten geradezu, dass uns andere im Alltag sanft zu unserem Wohl täuschen. Nur für die hinterhältigen Täuschungen sind wir besonders sensibilisiert.

Durch die digitalen Medien ist ein neues Wettrüsten entstanden. Auf der einen Seite haben die Qualität und die Quantität von Täuschung und Manipulation zugenommen. Die neue Technik erlaubt anonyme und gezielte Manipulation beispielsweise durch Werbung, Ideologien, populistische

Politik und religiösen Fanatismus. Auf der anderen Seite ist allerdings auch unsere Sensibilität für Wahrheitsmanipulation gestiegen.[14]

Die Preisfrage lautet: Wie wird dieses digitale Wettrüsten ausgehen? Wenn die digitalen Manipulationsversuche raffinierter werden, müssen wir mitziehen und die Sinne schärfen. Zurzeit sieht es aus, als würden die Täuscher den Kampf gewinnen. Daher müssen wir strategisch aufrüsten. Das heißt zuallererst, die Logik von Lügen und Bullshit genau zu verstehen.

Lügen und andere Täuschungsversuche

Der US-Präsident George W. Bush behauptete im Jahre 2002, die USA hätten Hinweise darauf, dass der Irak Massenvernichtungswaffen *(weapons of mass destruction)* besäße.[15] Der CIA-Chef bezeichnete die Beweise damals als »todsicher«.[16] Im Frühjahr 2003 starteten die USA daraufhin zusammen mit Großbritannien und einer »Koalition der Willigen« von 42 weiteren Staaten einen völkerrechtswidrigen Krieg gegen den Irak, der allein über 100 000 Zivilisten das Leben kostete.[17] Die Massenvernichtungswaffen wurden nie gefunden.[18] Die »Beweise« stellten sich als falsch heraus. Ziemlich wahrscheinlich hat es sich bei der Behauptung über Massenvernichtungswaffen um eine Lüge gehandelt. Vielleicht war es auch nur ein Irrtum. Warum lässt sich das so schwer sagen?

Der Grund liegt darin, dass eine Lüge eine Handlung ist. Und um Handlungen anderer Menschen zu verstehen, muss man ihnen Absichten zuschreiben. Das ist alles andere als einfach, wie viele Gerichtsprozesse zeigen, denn man kann die Absichten nicht eindeutig an den Handlungen ablesen.[19] Und wenn man Menschen nach ihren Absichten fragt, können sie, genau: lügen.

Außerdem ist es gar nicht klar, was eine Lüge eigentlich ist. An der Analyse des Begriffs der Lüge zerbrechen sich Philosophen bis heute den Kopf. In einem ersten Anlauf könnte man denken: Lügen heißt, mit Absicht die Unwahrheit zu sagen. Aber das ist zu kurz gedacht. Wer einen Witz erzählt oder jemanden zitiert und damit etwas Unwahres sagt, lügt nicht.

Selbst »absichtlich etwas Falsches *behaupten*« trifft die Lüge nicht. Angenommen, es ist noch Milch im Kühlschrank, ich bin aber fest vom Gegenteil überzeugt. Wenn ich jetzt absichtlich behaupte »Es ist keine Milch im Kühlschrank«, dann sage ich die Unwahrheit, lüge aber nicht, sondern irre mich einfach.

Daher muss man die philosophische Analyse noch weiter präzisieren. Eine gute Arbeitsdefinition lautet: »Lügen ist, etwas zu behaupten, das man für unwahr *hält*, in der Absicht, jemand anders damit zu täuschen.«[20]

Die Sache wird allerdings kompliziert, sobald man sich Fälle anschaut, in denen niemand etwas sagt, sondern zwischen den Zeilen, durch sein Schweigen oder durch eine andere Tat etwas andeutet, das andere in die Irre führt. Wenn zum Beispiel ein Mörder den Zigarettenstummel seines Gärtners am Tatort hinterlässt, um ihm die Tat in die Schuhe zu schieben, dann lügt er nicht wortwörtlich, tut aber trotzdem etwas in der Absicht, dass die Polizei zu der falschen Überzeugung kommt: »Der Gärtner ist der Mörder.«

Die exakte Analyse des Begriffs »Lüge« gestaltet sich schwieriger, als man auf den ersten Blick vermutet. Das Problem tritt übrigens erneut bei der Analyse von »Fake News« auf, um die es im übernächsten Kapitel geht. Manchmal umfasst dieser Begriff Witz und Satire, manchmal Falschmeldungen, die bloße Irrtümer sind, und manchmal bezeichnet er ausschließlich gefälschte Nachrichten, die meist nichts anderes als raffinierte Lügen sind.

Man könnte meinen, dass wir auch in der Alltagsmoral subtil zwischen Lügen, Andeutungen, täuschenden Auslassungen und anderen Irreführungen unterscheiden. Psychologische Experimente legen jedoch nahe, dass den meisten Menschen das definitorische Feintuning, was »Lügen« genau sind, und der Unterscheid zwischen Sagen und Nicht-Sagen für die moralische Beurteilung relativ egal ist.[21] Was zählt, ist allein die böse Absicht. Ist die gegeben, kann alles gleich schlimm sein.

Im Netz sind kann man gerade bei politischen Themen wie Krieg, Krankheit oder Gewalt große Täuschungsmanöver von Einzelpersonen, aber auch von Staaten beobachten, flankiert durch Fotos und Filme.[22] Bei Fake News und Verschwörungstheorien gehen Lügen mit anderen Formen der Täuschung Hand in Hand. Oft haben diese Geschichten einen wahren Kern, stehen aber durch irreführende Bildausschnitte, Weglassungen oder sinnentstellende Unterschriften Lügen in nichts nach.

So kursierte im Herbst 2017 ein Bild bei Facebook, auf dem Bundeskanzlerin Angela Merkel mit jungen Frauen zu sehen ist, die weiße Gewänder und Schleier tragen.[23] Die Überschrift lautet: »Merkill gratuliert zur Kinderehe. Wie gestört ist diese Person.« Unter dem Foto steht: »Dieses Bild würde Merkel am liebsten verbieten lassen!« Doch mit Zwangsverheiratung hat das Bild nichts zu tun. Es zeigt Merkels Besuch in einem türkischen Flüchtlingslager im April 2016. Die jungen Syrerinnen tragen traditionelle Kleidung. Wahrer Kern, gefälschte Rahmengeschichte.

Ein gutes Beispiel für eine Inszenierung, bei dem Sprache und Bild zu einem Narrativ verschmelzen, war die Rede, die George W. Bush nach dem Einmarsch der USA in den Irak auf dem Flugzeugträger USS Abraham Lincoln am 1. Mai 2003 gehalten hat. Hinter ihm prangte ein Banner mit der Aufschrift »Mission Accomplished«: Auftrag erfüllt. Der Irak ist seitdem von 20 Jahren Bürgerkrieg gezeichnet. Vielleicht war die These vom erfüllten Auftrag ein Irrtum. Vielleicht hat Bush nur den Einmarsch in das Land gemeint. Vielleicht hat er auch einfach gelogen.

Bullshitter: Schwätzer und Schwurbler

Der Lügner und der Aufrichtige bilden zwei Extrempunkte auf einer Skala. Der Lügner will, dass andere das glauben, was er für falsch hält. Der Aufrichtige will, dass andere glauben, was er für wahr hält. Zwischen beiden ist viel Platz für weitere Typen.

Einer davon ist der *Bullshitter*. So nennt der Philosoph Harry Frankfurt, wie eingangs erwähnt, in seinem Aufsatz »On Bullshit« jemanden, dem die Wahrheit seiner Behauptungen egal ist.[24] Frankfurt geht es in dem Text nicht um eine lexikalische Analyse des Wortes »Bullshit«, also um die verschiedenen Nuancen der Alltagsbedeutung, daher legt er sich darauf fest zu sagen: Bullshit ist, was ein Bullshitter produziert. Mir erscheint es hingegen sinnvoller, »Bullshit« nahe am Alltagsbegriff zu analysieren und ebenso weit zu fassen. Die beste Übersetzung lautete dann: »Unfug aller Art«, und sie umfasst unter anderem Falschheiten, Lügen, Fake News, Verschwörungstheorien, Pseudowissenschaft und Geschwurbel.

Wenn Frankfurt in seinem Text von »Bullshit« spricht, hat er ohnehin weniger das Endprodukt im Auge, sondern eher die Tätigkeit, also die *Bullshit-Produktion*. Ein Bullshitter, so Frankfurt, will andere Leute nicht dahingehend täuschen, dass sie etwas Falsches denken. Er will vielmehr einfach mitreden und dabei informiert und gebildet wirken, obwohl er tatsächlich keinen blassen Schimmer hat. Daher geht sein Täuschungsmanöver in eine andere Richtung: Er täuscht die anderen nicht über den Inhalt, sondern über seinen eigenen *Wissensstand* und die *Verlässlichkeit* seiner Thesen, die er selbstsicher von sich gibt.

Frankfurt hat in seinem Aufsatz an Schwätzer und Wichtigtuer gedacht. Er macht aber auch darauf aufmerksam, dass uns das öffentliche Leben dazu verleitet, zu Bullshittern zu werden, weil die anderen ständig nach unseren Urteilen verlangen, obwohl wir oft keine Ahnung haben. So produzieren Bullshitter zwar Bullshit, also Unfug. Das gilt allerdings nach meiner Analyse auch für Lügner. Und selbst Aufrichtige sind nicht immer davor gefeit.

Ein aktuelles Experiment veranschaulicht Frankfurts

Analyse des Bullshitters und verbindet sie mit Trivers' Forschung zur Selbsttäuschung. Die Versuchsleiter baten Probanden einzuschätzen, wie sehr sie sich als Experten im Bereich Finanzen, Politik oder Biologie sehen, und luden sie anschließend zu einem Wissenstest zu speziellen Fachtermini ein.[25] In der Biologie waren das zum Beispiel »Meta-Toxine« und in der Finanzwelt die »Festraten-Deduktion«. Der Witz war, dass es sich bei diesen Ausdrücken um pure Phantasiewörter handelte. Das Ergebnis der Studie spricht Bände: Je stärker sich Leute für Experten halten, desto vehementer behaupten sie, Nonsens-Begriffe zu kennen. Vermutlich neigen Experten zu einer besonderen Form der Selbstüberschätzung. In jedem Fall neigen sie dazu, zu Bullshittern zu werden.

Frankfurts Analyse zufolge ist beim Bullshitter die Einstellung zum Inhalt, also zum Gesagten defekt: Er steht der Wahrheit seiner Worte mit »Gleichgültigkeit« gegenüber.[26] Der kanadische Philosoph Gerald A. Cohen hat auf einen zweiten Phänotyp des Bullshitters aufmerksam gemacht, bei dem nicht die Einstellung zum Inhalt, sondern zur Form defekt ist. Man könnte ihn den *Schwurbler* nennen. Im Gegensatz zum *Schwätzer*, der mit unverstandenem Inhalt prahlt, will der Schwurbler durch seinen hohen Ton und obskure Fachwörter gelehrt und tiefsinnig wirken. Laut Cohen ist dieser Typus besonders in der französischen Kulturphilosophie verbreitet.[27]

Mit hochtrabendem Geschwurbel haben sich auch der amerikanische Physiker Alan Sokal und sein belgischer Kollege Jean Bricmont in ihrem Buch *Eleganter Unsinn* auseinandergesetzt.[28] Sie decken darin auf, wie einige Philosophen ihre Einlassungen mit Fachtermini aus der Naturwissenschaft schmücken, ohne deren Sinn zu erfassen. So kritisieren sie unter anderem Jean Baudrillard, bei dem eine typische Passage lautet: »Unsere komplexen, metastatischen und virenverseuchten Systeme, die allein der exponentiellen Dimension (ganz gleich, ob es sich um eine exponentielle Instabilität oder Stabilität handelt), der Exzentrizität und der unendlichen fraktalen Fortpflanzung durch Tilgung ausgesetzt sind, können kein Ende mehr finden.«[29]

Laut Cohen, der sich auf Sokal und Bricmont bezieht, ist diese Prosa besonders zäher Bullshit, denn es handelt sich nicht nur um *unklare,* sondern, um im Bild zu bleiben, auch um *unklärbare* Auswürfe.[30] Man kann gar nicht mehr sagen, ob der Schwurbler die Unwahrheit billigend in Kauf nimmt, denn niemand versteht, was seine Worte eigentlich bedeuten. Nicht einmal der Schwurbler selbst. Wie der Schwätzer ist auch der Schwurbler ein Bullshitter und damit ein Wichtigtuer. Bei beiden kommt am Ende nichts Gehaltvolles heraus.

Der amerikanische Psychologe Gordon Pennycook und seine Kollegen nennen diese Art von Geschwurbel *pseudotiefsinnigen Bullshit,* der ihnen zufolge besonders in der Lebensberatung verbreitet ist. Zu erkennen ist er an Sinnsprüchen, die große Worte wie »Leben«, »Kraft« oder »Energie« enthalten, wobei die Aussagen selbst vage bleiben.[31] Für ihren Versuch wählten die Forscher Aussprüche des Autors Deepak Chopra, der Bücher über Quantenheilung und andere spirituelle Themen schreibt und über 3 Millionen Twitter/X-Follower hat. Ein Beispiel lautet: »Ein verborgener Sinn verändert beispiellos abstrakte Schönheit.«

Die Versuchspersonen sollten einschätzen, wie tiefsinnig solche Sätze sind. Die Forscher ermittelten so ihre *Empfänglichkeit für pseudo-tiefsinnigen Bullshit*. Personen mit einer hohen Empfänglichkeit verlassen sich eher auf ihr Bauchgefühl, können nicht gut mit Zahlen umgehen, neigen zu Verschwörungstheorien, sind alternativer Medizin aufgeschlossen und glauben an übersinnliche Phänomene.

In der Kunstwelt kann man ein ähnliches Phänomen beobachten. Wenn Probanden abstrakte Werke beurteilen sollten, hielten sie diese für ästhetisch ansprechender und inhaltsschwerer, wenn sie Bullshit-Titel wie »Das tote Echo« trugen im Vergleich zur Kontrollgruppe, die dasselbe Gemälde als »Leinwand 8« präsentiert bekam.[32] Auch hier gilt also: Vorsicht vor den großen Worten!

Der Lügner, der Bullshitter und der Trottel

Über zwei Jahrzehnte diskutierte nur die Fachwelt Frankfurts Text »On Bullshit«, bis der Aufsatz als Buch in lesefreundlichen Großbuchstaben erschien und sich weltweit millionenfach verkaufte.[33] Mit den digitalen Medien hat Bullshit eine ganz neue Verbreitung erfahren, sodass der Text rückblickend fast prophetisch klingt. Seit es werbefinanzierte digitale Medien gibt, haben Bullshitter außerdem eine neue Motivation bekommen. Sie produzieren nicht mehr bloß Unfug, um informiert zu wirken, sondern sie wollen Geld damit verdienen.

An *Klickködern (click-baits)* kann man das gut verdeutlichen. Klickköder sind Online-Beiträge, die mit reißerischen

Überschriften und emotionalen Anrisstexten überraschend wirken, unsere Neugier wecken und damit die Zugriffszahlen erhöhen sollen, nach dem Muster: »So peinlich benimmt sich dieser Nationalspieler im Urlaub. Bei Foto 3 war mir richtig schlecht.«

Während des US-Präsidentschaftswahlkampfs 2016 zwischen Hillary Clinton und Donald Trump hat ein Schüler aus Mazedonien zwei Trump-freundliche Webseiten eingerichtet, mit denen er in kurzer Zeit so viel Geld verdiente, dass er kurzerhand die Schule schmiss.[34] Ein Vierteljahr lang strich er im Schnitt 4000 Dollar monatlich mit Werbung über Google-Anzeigen ein. In Mazedonien lag das durchschnittliche Monatsgehalt damals bei etwa 370 Dollar.

Der 18-jährige Mazedonier war allerdings kein Lügner. Er hat mit seinen Seiten keine politische Agenda verfolgt und wollte auch nicht die US-Wähler täuschen. Er hat einfach gemerkt, dass überdrehte Pro-Trump-Geschichten die meisten Klicks generieren. Die Wahrheit war ihm dabei egal. Damit erfüllt er genau Frankfurts Definition eines Bullshitters.

Trump selbst erfüllt sie übrigens auch. Bei einem Dinner erzählte er seinen Unterstützern, der kanadische Premierminister Justin Trudeau habe ihm gesagt, Kanada habe kein Handelsdefizit gegenüber den USA.[35] Trump brüstete sich vor den Dinner-Gästen damit, dass er Trudeau widersprochen habe (»Wrong, Justin, you do«), obwohl er gar keine Ahnung hatte, ob das stimmt (»I had no idea«).

Bullshit verbreitet sich im Netz nur, wenn viele ihn weiterleiten. Wären wir alle aufmerksam, kritisch und informiert, gäbe es dieses Phänomen gar nicht. Daher muss man, wie schon angedeutet, noch einen dritten Typus betrachten, und zwar den *Trottel*, der fahrlässig im Umgang mit der Wahrheit ist. Der Trottel steht der Wahrheit nicht völlig gleichgültig gegenüber, doch er macht sich nicht die Mühe, eine Information auf ihre Plausibilität oder ihre Quelle hin zu überprüfen, sondern er verlässt sich blind darauf, dass die Information wahr ist.

Anhand des deutschen Strafrechts kann man die Dreiteilung in »Lügner«, »Bullshitter« und »Trottel« gut erläutern.[36] Dort ist die *Absicht* die stärkste Form des *Vorsatzes*, definiert als »Wissen und Wollen der Tatbestandsverwirklichung«. Die hinterhältige Lüge erfüllt dieses Kriterium, denn der Lügner will täuschen und geht sicher vom Erfolg aus. Das Strafrecht kennt aber unter anderem noch den *Eventualvorsatz* und die *bewusste Fahrlässigkeit*. Beim Eventualvorsatz hält man die Folgen »ernstlich für möglich« und nimmt sie »billigend in Kauf«. Bei dem schwächeren Verstoß der bewussten Fahrlässigkeit hingegen hält man die Folgen »für möglich«, »hofft aber auf ihr Ausbleiben«. Als Merksätze hat sich die sogenannte Frank'sche Formel bewährt: Wer einen Eventualvorsatz hat, sagt innerlich »Na, wenn schon!«, wer bloß fahrlässig ist, sagt »Wird schon gut gehen!«[37]

So auch beim Bullshitter und beim Trottel. Der Bullshitter denkt: »Was ich sage, könnte falsch sein? Na, wenn schon!«, der Trottel hingegen denkt: »Was ich sage, könnte auch falsch sein? Wird schon stimmen!« Der Trottel redet einfach so daher, oder er hat etwas gehört und gibt es ungeprüft weiter. Dennoch ist ihm im Gegensatz zum Bullshitter grundsätzlich etwas an der Wahrheit gelegen.

Wo genau die Trennlinie zwischen Eventualvorsatz und bewusster Fahrlässigkeit verläuft, ist unter Juristen ebenso umstritten wie unter Philosophen.[38] In der Praxis ist eine Grenzziehung umso schwieriger, weil man den mentalen Zustand eines Handelnden, den »subjektiven Tatbestand« wie Juristen sagen, immer nur indirekt bestimmen kann.

In den digitalen Medien sind übrigens Bullshitter und Trottel im Gegensatz zu Lügnern Täter und Opfer zugleich. Sie lesen Falschnachrichten, die ihrer Ideologie entsprechen, und leiten sie ungeprüft weiter, manchmal, weil es ihnen in den Kram passt, und manchmal, weil sie naiv sind und die Information für bare Münze nehmen.

Im Ergebnis ist der Unterschied zwischen Lügner, Bullshitter und Trottel oft nicht groß. Alle drei sagen manchmal aus Versehen die Wahrheit. Doch weil es immer leichter ist, die Wahrheit zu verfehlen als sie zu treffen, vermehren sie in den meisten Fällen den Bullshit, also den Unfug aller Art, und damit handeln sie auf Kosten der Wahrheit.

Jetzt stellt sich natürlich die große Frage: Was ist Wahrheit?

KAPITEL 2
NICHTS ALS DIE WAHRHEIT

Objektive Wahrheiten

Eine der grundlegenden, absoluten und unbezweifelbaren Wahrheiten aus dem Leben jedes Philosophiedozenten lautet: Im Einführungsseminar sitzt immer einer, der sagt: »Es gibt keine Wahrheit.« Zum Glück lernen die Studenten dort auch eine philosophische Methode, um diese Behauptung als Unfug zu entlarven, denn die Selbstanwendung führt zu einem Paradox. Der Satz »Es gibt keine Wahrheit« soll wahr sein, sagt aber, es gäbe keine wahren Sätze. Dann kann dieser Satz selbst auch nicht wahr sein. Wenn es aber falsch ist, dass es keine Wahrheit gibt, heißt das: Es gibt Wahrheit. Ein Widerspruch zur Anfangsthese.

Tatsächlich ist der Satz nicht nur selbstwidersprüchlich, sondern schlicht falsch. Es gibt unzählige Gegenbeispiele, etwa »Die Quadratwurzel aus 9 ist 3«, »Im Jahr 1989 ist die Berliner Mauer gefallen« oder »Pflanzen beziehen ihre Energie durch Photosynthese«. All das sind Wahrheiten. Doch weil viele bei »der Wahrheit« an etwas Großes und Mysteriöses denken, das sich nur wenigen erschließt, spricht man in der Philosophie statt von »der Wahrheit« lieber von »wahren Aussagen«.[1] Aber natürlich sind zum

Beispiel drei wahre Aussagen über das WM-Finale nichts anderes als drei Wahrheiten über das WM-Finale.

Aussagen haben einen *Wahrheitswert*: Sie können wahr oder falsch sein. Das heißt natürlich nicht, dass wir den Wahrheitswert einer Aussage immer kennen. Insofern ist Wahrheit *objektiv*. Sie hängt nicht von unseren Einstellungen, unserer Perspektive oder dem Stand der Wissenschaft ab.[2] Man könnte sich zum Beispiel vorstellen, dass Biologen in der Zukunft herausfänden, dass Pflanzen ihre Energie nicht durch Photosynthese beziehen und die Sonne beim Pflanzenwachstum überhaupt keine Rolle spielt, sich also alle Forscher, Landwirte und Hobbygärtner immer geirrt hätten. Das ist zwar extrem unwahrscheinlich, aber nicht unmöglich.

Doch dann wäre eben das Gegenteil wahr, also: »Pflanzen beziehen ihre Energie *nicht* durch Photosynthese.« Da bei jeder falschen Aussage automatisch die Negation wahr ist, gibt es trivialerweise unendlich viele Wahrheiten, also wahre Aussagen.

Das wird auch deutlich, wenn man sich mathematische Wahrheiten anschaut wie die Reihe »2+1=3«, »3+1=4«, »4+1=5« und so weiter bis in die Unendlichkeit. Bei empirischen Aussagen, die davon handeln, was in Raum und Zeit passiert, sieht es etwas anders aus. Die meisten empirischen Wahrheiten kennen wir nicht, weil wir nicht wissen, was im Rest des Universums so vor sich geht. Aber Wahrheiten verschwinden nicht, nur weil wir nicht wissen, ob es welche sind.

Die Wahrheit einer Aussage hängt nicht von uns ab. Sie besteht, selbst wenn noch nie jemand darüber nachgedacht hat. Entweder ist es wahr, dass Rosa Luxemburg am 1. Januar 1900 eine Zigarette geraucht hat, oder nicht. Mehr Möglichkeiten gibt es einfach nicht. Wir werden es vermutlich niemals herausfinden.

Die Frage ist dann aber eine andere, und zwar, ob wir die Wahrheit *kennen*, genauer, ob wir *Wissen* haben und wie *sicher* dieses Wissen ist. Wissen zu haben heißt mindestens: eine Überzeugung zu haben, die wahr ist und für die man gute Gründe hat. Das hat schon Sokrates in Platons Dialog *Theaitet* festgestellt.[3] Wissen setzt immer Wahrheit voraus, aber Wahrheiten bestehen unabhängig davon, ob sie gewusst werden.

Wahrheit: objektiv, aber undefinierbar

Alle Menschen, selbst Wahrheitsleugner, unterstellen stillschweigend, dass Wahrheit existiert. Alle Menschen haben auch einen Begriff von Wahrheit, nämlich dass die Wahrheit einer Aussage davon abhängt, was der Fall ist. Schon Aristoteles hat das sinngemäß so gesagt.[4] Dennoch kann man den Begriff der Wahrheit nicht definieren, wenn damit gemeint sein soll: in seine Bestandteile zerlegen. Den Begriff »Mutter« zum Beispiel kann man analysieren, also zerlegen in »weiblich« und »Elternteil«: Mütter sind weibliche Elternteile.

Aber die Idee der Begriffszerlegung hat einen Haken. Früher oder später muss man zu den fundamentalen, unzerteilbaren Begriffs-Atomen gelangen. Darum sperrt sich der Begriff der Wahrheit gegen eine Analyse, denn es handelt sich schon um einen der grundlegendsten Begriffe, die wir kennen.[5] Außerdem kann man bei jeder Begriffsanalyse fragen: Ist sie wahr? Stellt man diese Frage jedoch bei der Analyse des Wahrheitsbegriffs, wird das Verfahren zirkulär. Man muss den Wahrheitsbegriff kennen, um zu beurteilen, ob die Analyse dieses Begriffs wahr ist.

Trotzdem kann man etwas Substanzielles über Wahrheit sagen, zum Beispiel, dass Wahrheit und unser subjektives Für-Wahr-Halten nicht dasselbe sind. Schon wer davon spricht, dass man die Wahrheit herausfinden kann, unterstellt, dass man die Wahrheit auch verfehlen kann.

Die Wahrheit zu kennen ist nützlich. Hätten wir nicht viele wahre Überzeugungen über die Welt, hätten wir als Spezies niemals überlebt. Unsere Wahrnehmung repräsentiert zwar auch die Welt, zum Beispiel indem sie uns Licht und Schatten, Hindernisse und Verstecke verlässlich anzeigt. Doch nur unsere Gedanken können wahr oder falsch sein. Sie beziehen sich unabhängig von der unmittelbaren Erfahrung auf die Welt. Das verleiht uns einen ungeheuren Vorteil gegenüber anderen Tieren, die keine Gedanken in einem anspruchsvollen Sinne bilden können: Wir haben Überzeugungen über Nahes und Fernes, Mögliches und Unmögliches, über gestern, heute und morgen, über Mathematik, das Universum mit seinen Elementen und Naturkräften, über unsere Geschichte und über Politik.

Jede Repräsentation ist fehleranfällig, aber das meiste, was wir über die Welt glauben, muss wahr sein, sonst könnten wir uns weder darin orientieren noch uns verständigen. Das hat der amerikanische Philosoph Donald Davidson mit seinem *Hintergrund-Argument* deutlich gemacht.[6] Als fehlbare Wesen irren wir uns hin und wieder. Jede Einzelne unserer Überzeugungen könnte sogar falsch sein. Daraus folgt aber Davidson zufolge nicht, dass alle zusammen falsch sein können. Um sich zum Beispiel darin zu irren, dass der Gärtner der Mörder ist, müssen wir schon viele wahre Annahmen über Gärtner, Pflanzen, Berufe, Mörder, Straftaten, Leben und Tod getroffen haben. Nur vor dem Hintergrund dieser unzähligen wahren Überzeugungen können sich die einzelnen Irrtümer überhaupt abzeichnen.

Die Autorität der Wahrheit

»Es gibt keine Wahrheit«. Der amerikanische Philosoph John Searle nennt diese These »Micky-Maus-Philosophie«.[7] Leider ist sie vor allem in den Geistes- und Sozialwissenschaften verbreitet. Aristoteles hat sich in seiner *Metaphysik-Schrift* noch drastischer ausgedrückt: Wer behaupte, es gäbe keine Wahrheit, sei wie eine Pflanze.[8] Und das ist nicht als Kompliment gemeint. Aristoteles argumentiert in etwa so: Wer keine Wahrheit kennt, der kann nicht einmal reden oder denken, denn um den Gedanken »Im Jahr 1989 ist die Berliner Mauer gefallen« oder sein Gegenteil zu erfassen, muss man Mauern von Autos und Hummeln unterscheiden. Aber das heißt, dass man Annahmen über Mauern macht, die man für wahr hält, zum Beispiel, dass sie freistehend, unbelebt und aus festem Material sind.

Die Überzeugung »Es gibt keine Wahrheit« hat unterschiedliche Quellen. Gerade im links-intellektuellen Diskurs entspringt sie oft einem anti-autoritären Impuls, denn totalitäre Regime stellen ihre moralischen Auffassungen oft als unbezweifelbare Wahrheiten dar und setzen sie brutal durch. Statt allerdings die Kritik allein auf diese menschenfeindlichen Auffassungen zu konzentrieren, haben viele Theoretiker auch die Idee der Wahrheit selbst, speziell die der moralischen Wahrheiten angegriffen.

Die antiautoritäre Wahrheitskritik entspringt zwar dem richtigen Impuls, verfehlt aber das Angriffsziel. Sie verwechselt die Autorität der Wahrheit mit dem autoritären Gebaren von Leuten, die meinen, sie seien im Besitz der Wahrheit. Die Philosophin Hannah Arendt sagt zum Beispiel in einer viel zitierten Passage über den politischen Diskurs: »Die Schwierigkeit liegt darin, dass Tatsachenwahrheit wie alle Wahrheit einen Gültigkeitsanspruch stellt, der jede Debatte ausschließt.«[9]

Das ist doppelt irreführend. Nicht Wahrheiten stellen einen Anspruch, sondern Menschen, die Sätze äußern. Und der Anspruch, etwas Wahres zu sagen, ist nichts Schlechtes und verhindert auch nicht die Debatte. Im Gegenteil, es ist die notwendige Grundlage, damit eine politische Debatte überhaupt beginnen kann. In Auseinandersetzungen geht es ja gerade um die Frage, wer recht hat. Wer spricht, stellt den Anspruch, dass seine Aussagen wahr sind. »Heute scheint die Sonne«, »Du warst unfair«, »Ich liebe Dich«. All das sind Aussagen mit »Wahrheitsanspruch«, oder weniger technisch ausgedrückt: Aussagen, die ihre Sprecher für wahr halten. Keine dieser Wahrheiten schließt natürlich das Recht ein, den abweichenden Meinungen von anderen mit Ablehnung oder gar Gewalt zu begegnen.

Bei der Rede von absoluten moralischen Wahrheiten

ist die Sorge vor autoritärem Gebaren verständlicherweise groß. Doch wer Angst vor Machtmissbrauch und der Verabsolutierung von Werten hat, der hat sich selbst schon auf einen absoluten Wert festgelegt, nämlich, dass Macht oder die Verabsolutierung von Moral etwas Schlechtes ist. Zumindest diese moralische Wahrheit scheinen die Kritiker also stillschweigend vorauszusetzen.

In der Ethik ist zwar bis heute umstritten, ob es universelle moralische Wahrheiten gibt.[10] Im Alltag ist allerdings jeder, der glaubt, dass es die Menschenrechte gibt, ein Universalist in Bezug auf Normen. Die aktuelle Formulierung der UN-Charta der Menschenrechte könnte zwar falsch oder unvollständig sein, also die tatsächlichen Menschenrechte nicht genau treffen. Das heißt aber nicht, dass es nicht auch nahezu unbezweifelbare Fälle gibt. Um ein drastisches Beispiel zu wählen: Kinder zum Spaß zu quälen ist ein absolutes moralisches Verbot. Jedenfalls unterstellen wir das, wenn wir sagen, dass es keine Verhandlungssache ist. Demnach würde jemand, der das anders sieht, sich genauso irren wie jemand, der meint, Wasser hätte die chemische Formel CO_2 oder Pi wäre eine rationale Zahl.

Genaue Wahrheiten und wahre Genauigkeit

Wer Sorge vor totalitären Normen hat, wird schnell dazu verleitet zu behaupten: »Es gibt keine absolute Wahrheit.« Eine zweite Motivation der Wahrheits-Skeptiker findet man oft unter Journalisten und Historikern. Sie denken an Ereignisse wie Kriegsschlachten, Aufstände und Revolutionen, die so komplex sind, dass jede Beschreibung ausschnitthaft bleibt, weil sie immer nur einen Teil herausgreifen kann.[11] Das ist erst einmal eine triviale Einsicht. So ist es schon unmöglich, einen Kaktus »vollständig« zu beschreiben, wenn damit gemeint sein soll: jedes einzelne seiner Atome zu erfassen, aus denen er besteht.

Bei raumzeitlich weit ausgedehnten Ereignissen wie Demonstrationen oder Kriegen ist dieses Phänomen noch augenfälliger. Im Zweiten Weltkrieg beispielsweise sind bei der Schlacht von Dünkirchen im Norden Frankreichs etwa 3500 britische Soldaten gestorben. Die exakte Zahl ist unbekannt. Schon gar nicht kann man rekonstruieren, wie jeder einzelne Soldat ums Leben gekommen ist, geschweige denn die Flugbahnen aller Projektile und die Explosionsmuster aller Bombeneinschläge physikalisch präzise beschreiben.

Eine »vollständige« Beschreibung von Ereignissen ist schon aus praktischen Gründen unmöglich. Doch Wahrheit hat ohnehin nichts mit Vollständigkeit zu tun. In jedem Fall gibt es eine wahre Aussage über die exakte Zahl an Gefallenen. Wir kennen sie einfach nicht.

Wer keine exakte Angabe machen kann, kann sich immer noch auf eine unspezifischere Beschreibung zurückziehen, um etwas Wahres zu sagen wie »In der Schlacht von Dünkirchen sind über 3000 britische Soldaten gefallen«. Ist man unsicher, kann man das Ganze noch allgemeiner formulieren, etwa »mindestens 1000« oder einfach nur »viele«.

Vage Formulierungen in der natürlichen Sprache haben den Vorteil, dass sie wahre Aussagen und damit eine Kommunikation in vielen Situationen ermöglichen, in denen wir nur unzureichendes Wissen haben. Die These, es gäbe

»keine Wahrheit« über die genaue Zahl der Gefallenen, verwechselt Wahrheit mit Wissen. Gerade weil es die Wahrheit über die genaue Zahl gibt, die wir nicht kennen, können wir sagen: »Wir haben kein Wissen über die genaue Zahl.«

Bei historischen Ereignissen ist außerdem die Motivation der einzelnen Akteure oft schwer zu bestimmen. Russland hat im Jahr 2014 die Krim annektiert, nach eigener Darstellung um Menschrechtsverletzungen zu verhindern und die dort heimische russischstämmige Bevölkerung zu schützen. Die Ukraine hat die Annexion als Kriegsakt gesehen, weil nach ihrer Auffassung die Krim-Bevölkerung nicht in Gefahr war. Da sich beide Versionen widersprechen, können sie niemals gleichzeitig wahr sein. Sie können aber sehr wohl beide gleichzeitig falsch sein.

Über dieses Ereignis kann man nur eine beschränkte Menge an Informationen sammeln, die zudem fehleranfällig sind. Wir können uns also nie ganz sicher sein, dass wir richtigliegen, vor allem wenn sich Quellen widersprechen. Das ist aber eine Einschränkung unseres Wissens, keine Einschränkung der Wahrheit selbst.

Selbst die Aussage, dass sich die Wissenschaft der »Wahrheit annähert«, ist bei genauer Betrachtung irreführend, denn sie verwechselt Wahrheit mit Messgenauigkeit. Zum einen muss man schon wissen, wo sich ein Punkt befindet, um sagen zu können, dass man ihm näherkommt. Wir müssten die Wahrheit also schon kennen, um sicher sagen zu können, dass wir uns ihr »annähern«. Zum anderen kann man auch auf Grundlage sehr genauer Messung etwas Unwahres sagen. Den Abstand der Erde zum Mond beispielsweise kann man mithilfe eines Lasers in jedem Moment mit einer Abweichung von wenigen Millimetern genau bestimmen.[12] Im Mittel ist der Mond 384 400 km von der Erde entfernt. Doch wer sagt, der Mond sei 410 000 Kilometer von der Erde entfernt, sagt zu jedem Zeitpunkt im Jahr etwas Falsches, auch wenn die Zahl deutlich näher an der exakten Messzahl liegt, als jemand, der mit der ungenauen Aussage »Der Mond liegt mehr als 100 000 Kilometer von der Erde entfernt« etwas Wahres sagt.

Wissenschaftlicher Fortschritt besteht nicht darin, dass wir uns »der Wahrheit annähern«, sondern dass wir wahre Aussagen formulieren, die mathematisch präziser und damit gehaltvoller sind als die ebenfalls wahren, aber groben Schätzungen und damit gehaltärmeren Aussagen aus früheren Zeiten.

Ist Wahrheit eine Konstruktion?

Der französische Soziologe Bruno Latour behauptet, dass der ägyptische Pharao Ramses II. nicht an Tuberkulose gestorben sein kann, wie einige Archäologen annehmen, denn erst Robert Koch habe diese Krankheit »erfunden«.[13] Das klingt bizarr, ist aber ernst gemeint. Erst seit Kochs »Erfindung« seien demnach Sätze über Tuberkulose wahr. Latours Konstruktivismus ist ein Beispiel für *Wahrheits-Relativismus*. Relativisten meinen, Wahrheit sei abhängig von einer Perspektive, einer Kultur oder einem Zeitalter.

Auch Latour verwechselt Wahrheit mit Wissen. Robert Koch fand heraus, dass Tuberkulose durch Bakterien verursacht wird. Doch der Lungenkrankheit konnte man schon erliegen, als niemand die Erreger kannte. Der deutsche Philosoph Wolfgang Künne bemerkt zu Latours These: Wenn Robert Koch tatsächlich die Tuberkulose »erfunden« hätte, wie Latour behauptet, dann hätte man ihn vor Gericht stellen müssen, statt ihm den Nobelpreis zu verleihen.[14]

Einige Neurowissenschaftler vertreten eine ähnliche Position. Sie sagen nicht, dass die Welt eine kulturelle oder soziale Erfindung sei, sondern meinen, das Gehirn »konstruiere« die »Wirklichkeit« oder die »Realität«. Zugegeben, ohne Hirn können wir nicht denken, keine Überzeugungen haben und keine Aussagen treffen. Doch das macht die wahren Aussagen über die Welt nicht zu Konstruktionen und schon gar nicht die Welt selbst zu einer Konstruktion. Rom ist die Hauptstadt von Italien, und Tiger sind Säugetiere, ganz gleich, wer mit welchem Hirn darüber nachdenkt.

Dasselbe gilt für die These des deutschen Medienwissenschaftlers Bernhard Pörksen, es gebe verschiedene Realitäten und Wahrheit sei »intersubjektiv«.[15] Nur weil Menschen untereinander, also »intersubjektiv«, herausfinden wollen, was wahre Aussagen sind, ist die Wahrheit selbst nicht intersubjektiv. Und nur weil Menschen verschiedene Auffassungen darüber haben, was in der Welt der Fall ist, was also die »Realität« ist, heißt das nicht, dass es mehrere Realitäten gibt.

Was wissen wir schon?

Wer sagt, es gebe keine absolute Wahrheit, hat oft Angst, erkenntnistheoretisch naiv zu wirken. Doch diese Pose ist selbst naiv. Unser Wissen ist *fallibel*: Jede einzelne unserer empirischen Überzeugungen könnte falsch sein. Doch daraus folgt nicht, dass Wahrheit relativ ist. Auch wenn es liberal und antiautoritär klingt, ist es tatsächlich ziemlich egozentrisch zu glauben, Wahrheit hänge von der eigenen Anschauung ab.

Mit anderen Vorzeichen wiederholt sich die ganze Debatte noch einmal, wenn es um Wissen geht. Einige Leute vertreten die These, wir hätten kein Wissen, weil wir uns irren können. Doch die Forderung nach unbezweifelbaren Informationen macht den Wissensbegriff zu anspruchsvoll, indem sie »Wissen« mit »Unfehlbarkeit« oder »absoluter Gewissheit« gleichsetzt. Das ist ähnlich witzlos wie zu sagen: Niemand kann einen Punkt an die Wand malen, weil der mathematisch gesehen ausdehnungslos ist. Und überhaupt: Woher wollen die Leute sicher wissen, dass wir niemals etwas sicher wissen können?

Richtig ist natürlich, dass wir einen Großteil unseres Wissens nicht selbst überprüfen können, weil er nicht aus unserer eigenen Erfahrung stammt, sondern aus den Massenmedien, also aus Büchern, Zeitungen, dem Fernsehen und dem Internet. Würden wir nur dem trauen, was wir mit eigenen Augen gesehen haben, dann wüssten wir nichts über den Dreißigjährigen Krieg oder die Französische Revolution, nichts über die DNA oder schwarze Löcher und ferne Galaxien. Wir würden nicht einmal die Fußballergebnisse kennen und hätten keinen Plan von der Welt außerhalb unseres Dorfes oder Stadtviertels. Kurz gesagt: Wir müssen uns bei unseren Wissensquellen ständig auf andere verlassen.

Die Rolle der *Zeugenschaft (testimony)* ist ein umstrittenes Thema in der Erkenntnistheorie, denn für unser Wissen über die Welt sind Zeugen einerseits unerlässlich, andererseits als Quellen oft unzuverlässig.[16] Ein alter Scherz unter Historikern lautet: »Er lügt wie ein Zeitzeuge.« Doch selbst aufrichtige Erinnerungen sind oft fehlerhaft, wie die Gedächtnisforschung zeigt.[17]

Gerade digitale Nachrichten bringen uns in eine prekäre Situation, denn im Gegensatz zum vordigitalen Zeitalter haben viele Nachrichten keine Quellenangaben mehr, an denen man die Verlässlichkeit von Informationen ablesen kann. Und selbst wenn die Quellen erkennbar sind, können sie gefälscht sein.

KAPITEL 3
DIGITALER BULLSHIT

Das Märchen vom postfaktischen Zeitalter

Der US-Präsident Donald Trump behauptete im Januar 2017, bei seiner Amtseinführung seien die meisten Besucher der Geschichte gewesen, obwohl die Fakten eindeutig dagegensprachen: Bei Obama fanden sich nach Schätzungen etwa 1,5 Millionen auf dem Platz vor dem Kapitol ein, bei Trump maximal die Hälfte, was unter anderem Luftaufnahmen und Ticketverkäufe für den öffentlichen Nahverkehr belegen.[1] Trump hat während seiner Präsidentschaft so viele Unwahrheiten von sich gegeben, dass der Impuls, sich zu empören, schon bald abgenommen hat. Die *Washington Post* zählte allein in seinem ersten Amtsjahr über 2000 falsche oder irreführende Aussagen.[2] Für den gewählten Präsidenten einer freiheitlichen Demokratie waren das etwas zu viele.

Trotzdem versuchte der Pressesprecher des Weißen Hauses Sean Spicer kurz darauf, Trumps Aussage zu rechtfertigen, indem er Phantasiezahlen über Nutzer des öffentlichen Nahverkehrs am Tag der Amtseinführung verkündete, die den offiziellen Angaben der zuständigen Behörde deutlich widersprachen.[3] Um wiederum Spicer zu verteidigen, sprach Trumps Beraterin Kellyanne Conway davon, das

Weiße Haus habe »alternative Fakten« präsentiert, was weltweit für einen Aufruhr in den Medien sorgte. Die Wörter »Fakt« oder »Tatsache« bedeuten »wahrer Sachverhalt«, daher gibt es alternative Fakten so wenig, wie es eckige Kreise gibt: Es handelt sich um einen begrifflichen Widerspruch.[4]

Zu Recht wurde bald darauf der Ausdruck »alternative Fakten« in Deutschland zum Unwort des Jahres erklärt. Laut einer Umfrage aus dem Jahre 2018 sehen 84 Prozent der Deutschen Nachrichtenfälschungen als echtes politisches Problem an.[5] Das zeigte sich auch darin, dass sie im Wahlkampf 2017 das Wort »Fake News« häufiger googelten als politische Schlagwörter wie »Mietpreisbremse« oder »soziale Gerechtigkeit«.[6]

Auf den ersten Blick könnte man den Eindruck bekommen, als sei mit den digitalen Medien eine neue Epoche angebrochen, nämlich das *postfaktische Zeitalter*. Brisante Falschmeldungen, bizarre Verschwörungstheorien im Internet und der kreative Umgang mit Fakten in Trumps Administration wären dann allesamt nur Vorboten einer Epoche, in der die Wahrheit nichts mehr zählt.

Doch diese These ist nicht nur vorschnell, sie ist auch nicht wahr. Wir leben nicht in einem postfaktischen Zeitalter, sondern noch immer im Zeitalter der Aufklärung. Wie gesagt: Alle Menschen streben nach Wahrheit, also nach wahren Überzeugungen über die Welt. Auch radikale Relativisten springen nicht von Dächern, weil sie es für wahr halten, dass das tödlich enden wird. Wer beispielsweise in ein Flugzeug steigt, vertraut auf die Technik. Technik basiert auf Wissenschaft, und Wissenschaft ist systematische Wahrheitssuche. Selbst wer »Lügenpresse« ruft, glaubt, dass die Fußballergebnisse in der Zeitung wahr sind, dass im Jahr 2023 ein großes Erdbeben in der Türkei und Syrien tatsächlich stattgefunden und Zehntausende Opfer gefordert hat und dass es wahr ist, dass Christine Lagarde 2011 Direktorin des Internationalen Währungsfonds wurde.

Der Streit um Fakten ist fast ausschließlich auf einen eng umrissenen Bereich beschränkt. Dort, wo es um Werte und Normen, also um Moral und Politik geht, ordnen manche Menschen die Wahrheit ihrer Agenda unter, nach dem Schema: »Zuerst die Ideologie, dann die Fakten«. Diese Haltung kann man als *postfaktischen Denkstil* oder besser noch als einen *fakten-fernen Denkstil* bezeichnen. Er ist das Merkmal einer sozialen Gruppe, nicht einer ganzen Epoche. Die Moral ist so zentral für unsere Identität, dass einige, statt ihre Ansichten zu überdenken, lieber sich selbst und anderen etwas vormachen, nach dem Pippi-Langstrumpf-Prinzip: »Ich mach mir die Welt, wie sie mir gefällt.«

Das faktische und das präfaktische Zeitalter

Wir leben nicht in einem postfaktischen, sondern in einem *faktischen* Zeitalter, obwohl einige Menschen wie Trump einen fakten-fernen Denkstil kultiviert haben. Eher waren die Jahrhunderte und Jahrtausende davor *präfaktisch*: geprägt von Unwissen, Aberglauben, Pseudowissenschaft und abstrusen Gerüchten. Erst mit der Aufklärung setzte sich allmählich die Idee der wissenschaftlichen Methode durch. In den Zeitaltern zuvor hatte kaum jemand eine Vorstellung davon, wie etwa ein naturwissenschaftliches Experiment auszusehen hat. Es gab auch keine journalistischen Standards der Nachrichten-Berichterstattung.

Selbst schlaue Menschen haben allerhand Unfug für wahr gehalten. Der Philosoph Arthur Schopenhauer hat an den Mesmerismus, also die Heilkraft von Magneten geglaubt. Als Physiker entdeckte Isaac Newton zwar das Gravitationsgesetz und markierte damit einen Wendepunkt in der modernen Naturwissenschaft. Doch einen Großteil seiner Forschungsarbeit verwandte er auf Pseudowissenschaften. Er schlich sich nachts in Geheimlabore und suchte dort nach dem Stein der Weisen und vergiftete sich bei alchemistischen Selbstversuchen mehrfach, wenn auch nicht lebensgefährlich.[7]

Auch in der Politik der letzten Jahrhunderte spielte Bullshit in Form von Verschwörungstheorien eine prägende Rolle. So zeigt der Literatur- und Kulturwissenschaftler Michael Butter, dass in den letzten zwei Jahrhunderten ein Großteil der Menschen in Europa und den USA Verschwörungstheorien anhingen - sogar die Eliten. Der spätere US-Präsident Abraham Lincoln beispielsweise glaubte an die »Slave-Power«-Verschwörung, die besagte, dass die Sklavenhalter in den Südstaaten nicht nur Schwarze, sondern auch weiße Amerikaner versklaven wollten. Butter zufolge war das ein Faktor für den Ausbruch des amerikanischen Bürgerkriegs.[8]

Blickt man auf frühere Epochen zurück, zeigt sich, wie hart unser faktisches Zeitalter erkämpft werden musste. Ein postfaktisches Zeitalter ist zum Glück noch nicht angebrochen. Das heißt allerdings nicht, dass die Gefahr nicht besteht.

Die dänischen Philosophen Vincent F. Hendricks und Mads Vestergaard sprechen daher auch vorsichtiger vom »postfaktischen Zustand« als einem Drohszenario für die Zukunft: »Eine Demokratie befindet sich in einem postfaktischen Zustand, wenn politisch opportune, aber faktisch irreführende Narrative statt Fakten als Grundlage für die politische Debatte, Meinungsbildung und Gesetzgebung dienen.«[9]

Die Krise der Informationsquellen

Der Präsidentschaftswahlkampf 2016 in den USA markiert den Wendepunkt im Diskurs über Lüge und Bullshit in den digitalen Medien. Wenn man einer Untersuchung der Nachrichtenseite *Buzzfeed* trauen kann, dann sah die Informationsverbreitung auf Facebook folgendermaßen aus: Die 20 beliebtesten Fake News von ideologischen und verschwörungstheoretischen Webseiten erhielten mehr Klicks als die 20 erfolgreichsten seriösen Nachrichten von den Webseiten der *Washington Post, New York Times* und CNN.[10]

Durch die digitalen Medien haben Lügen und andere Arten von Bullshit neue Dimensionen erlangt. Sie sind einfach zu produzieren und zu reproduzieren, haben im Prinzip ewig Bestand, und sind nicht mehr bloß auf das persönliche Umfeld beschränkt, sondern verbreiten sich schnell und vor allem exponentiell. Die digitalen Medien haben das Lügen zudem verführerisch leicht gemacht. Im Schutz von Distanz und Anonymität sinkt die Hemmschwelle, Bullshit zu erzeugen oder weiterzuleiten, vor allem weil die Täter selten unmittelbare oder langfristige Konsequenzen fürchten müssen.

Dennoch befindet sich unsere Gesellschaft durch die digitalen Medien nicht in einer *Wahrheitskrise*.[11] Wie gesagt: Wir wollen uns nicht zum Narren halten lassen. Und wären nicht die meisten unserer Überzeugungen wahr, würden wir keinen Tag überleben: Wir würden vor Autos laufen und Toastbrote mit der Gabel aus dem eingesteckten Toaster heraushebeln.

Die Krise ist allenfalls eine der Informationsquellen, genauer eine der *Verlässlichkeit*. Und zwar zum einen aufseiten der Rezipienten, weil wir nicht mehr stillschweigend davon ausgehen können, dass die meisten Informationen, die wie Nachrichten aussehen, auch wahr sind. Und zum anderen auf der Seite der Produzenten, weil die neuen Medien nicht nur neue Möglichkeiten ideologischer Manipulation bieten, sondern Menschen dazu verlocken, Verschwörungstheorien, gefälschte Nachrichten oder Propaganda schnell und kostenlos unter die Leute zu bringen.

Die Schulhofisierung der öffentlichen Meinung

Der Grund für diese neue Qualität und neue Quantität von Lüge und Bullshit liegt in der Natur der digitalen Medien, die Segen und Fluch zugleich ist.[12] Ein Segen, weil das Internet den Nachrichtenmarkt demokratisiert und egalisiert hat. Niemand ist mehr an ein Zeitungsabonnement gebunden, sondern man kann sich aus vielen konkurrierenden Quellen Informationen besorgen. Umgekehrt muss niemand eine

Zeitung oder eine Radiostation gründen, um seine Meinung zu veröffentlichen und damit potentiell gelesen und gehört zu werden.[13] Die digitalen Medien sind aber auch ein Fluch, weil Journalisten und Wissenschaftler wie gesagt als klassische »Gatekeeper«, also Torwächter, die die Nachrichten nach einem strengen Kodex vorsortieren, an Einfluss verloren haben.

Die Demokratisierung holt nicht immer das Beste aus den Menschen hervor. Die meisten verhalten sich in der Anonymität des Netzes eher wie Schulkinder in der Pause, wenn die Hofaufsicht gerade keinen Dienst hat: Hass, Gruppenbildung, Mobbing, Lügen und Geltungsdrang sind viel verbreiteter als der höfliche Umgang, geprägt von Respekt, Wohlwollen und dem Austausch von Argumenten.

Im Netz kann man Bullshit nicht nur verführerisch einfach von sich geben, er verteilt sich dort auch großflächig. Auch wenn Lügen, Fake News und Verschwörungstheorien vor allem Themen der Moral und Politik betreffen, handelt es sich dabei nun einmal um einen wichtigen Aspekt des Lebens. Menschen ist Wahrheit zwar generell wichtig, zum Beispiel bei den Fußballergebnissen. Aber gerade in normativen Fragen ist ihnen noch wichtiger, recht zu haben, etwa bei der Einschätzung der sogenannten »Flüchtlingskrise« von 2015, der Coronapandemie oder des Kriegs zwischen Russland und der Ukraine.

Zu den normativen, also moralischen und politischen Phänomenen zähle ich hier nicht nur Fragen der Gruppenzugehörigkeit, also ob man der richtigen Partei, Religion, dem richtigen Land, oder der richtigen Mehr- oder Minderheit angehört, sondern auch Fragen der Macht, Fairness und Freiheit, also alle Fälle, bei denen Menschen potentiell ungerecht behandelt werden oder zu Schaden kommen können. Selbst Fragen der Gesundheit, Medizin und Ernährung haben eine normative Dimension, weil es dabei oft um Reinheit, Natürlichkeit und den Schutz vor Leid oder Schadstoffen geht: Themen, die allesamt emotional besetzt sind und unsere moralische Identität ausmachen.[14]

Das erklärt unter anderem, warum im Bereich der Medizin und Ernährung so viel Bullshit in Form von Pseudowissenschaft zu finden ist, also Theorien, die das Vokabular echter Wissenschaft imitieren, nicht jedoch die strengen Methoden der systematischen Wahrheitssuche übernehmen - wie Doppelblindstudien, repräsentative Befragungen und statistische Auswertungen von Experimenten.[15] Zur Pseudowissenschaft zählen unter anderem die Homöopathie, die »Quantenheilung«, die Vorstellung, dass Kristalle Heilsteine sind, und viele andere Formen der »alternativen Medizin«.[16] Wenn es um Leben und Tod, um Leid und Moral geht, fällt es sogar gebildeten Menschen besonders schwer, der Evidenz und sich selbst gegenüber kritisch zu bleiben.

Was sind Fake News?

Im Mai 1950 beobachtet ein Bauer in Sachsen zwei Flugzeuge am Himmel. Wenig später wimmelt es auf seinem Feld von Kartoffelkäfern. Auch in Thüringen beobachten DDR-Bürger Flugzeuge und entdecken anschließend Tausende von Kartoffelkäfern, die sie in einer großen Aktion einsammeln. Der Feind ist schnell ausgemacht. In der *DDR-*

Wochenschau heißt es: »In einer neuen Aktion ihres Kalten Krieges warfen amerikanische Flugzeuge Tausende in besonderen Instituten gezüchtete Coloradokäfer über dem Gebiet der DDR ab.«[17] Das Amt für Information der Landesregierung Thüringen druckt Plakate, um vor dem »Ami-Käfer« zu warnen. Darauf sieht der schwarz-gelb-gestreifte Gliederfüßer aus, als entstammte er direkt einem Horrorfilm aus Hollywood. Die Bauern sollen fortan nach Flugzeugen Ausschau halten.

Zwar haben schon während des ersten Weltkrieges verschiedene Länder den Kartoffelkäfer-Abwurf als Mittel der biologischen Kriegsführung erwogen. Doch wie sich später herausstellte, kamen die Käfer in Sachsen und Thüringen nicht aus US-Laboren. Die Witterungsbedingungen im Frühjahr 1950 waren für die Kartoffelkäfer einfach besonders vorteilhaft, um sich zu vermehren. Nicht abschließend geklärt ist, wer die Legende vom Käferabwurf des Klassenfeindes in die Welt setzte. Doch vermutlich wurde sie aus Regierungskreisen lanciert, um von dem eigenen Versagen im Landwirtschaftsministerium abzulenken, wie die Journalisten Lars-Broder Keil und Sven Felix Kellerhoff rekonstruiert haben. Das Ministerium für Staatssicherheit machte sich übrigens nicht einmal die Mühe, der »Bedrohung« aus dem Westen nachzugehen.

Bei der Geschichte handelt es sich um einen klaren Fall von *Fake News*. Die Kartoffelkäfer-Legende war nicht nur eine irrtümliche Falschmeldung, sondern eine erfundene Nachricht, der eine klare politische Agenda zugrunde lag: Die Bevölkerung gegen den Klassenfeind aufzuwiegeln und vom eigenen Unvermögen abzulenken.

Die beste Übersetzung für Fake News lautet »gefälschte Nachrichten«, denn es handelt sich dabei nicht um versehentliche Falschmeldungen, sondern um solche, bei denen eine Absicht dahintersteckt. Statt »gefälscht« könnte man auch »fabriziert«, »fingiert« oder »erfunden« sagen. Allerdings wird der Ausdruck »Fake News« inzwischen so unterschiedlich verwendet, dass man darauf am besten ganz verzichten und bei den alten Termini bleiben sollte.

Als Trump beispielsweise im Wahlkampf gegen Hillary Clinton von »Fake News« sprach, meinte er damit meist nicht einzelne Nachrichten, sondern ihm gegenüber kritische Nachrichtensender wie CNN, die im Englischen ebenfalls »news« heißen. Die meisten Journalisten meinen mit »Fake News« hingegen gefälschte Nachrichten. Allerdings fassen viele darunter auch versehentliche Falschmeldungen, also Irrtümer, die jedem noch so guten Nachrichtensender unterlaufen können. Das ist besonders verwirrend, weil dann niemand mehr absichtliche von versehentlichen Falschmeldungen unterscheiden kann.

Der Philosoph Axel Gelfert betont, dass man Fake News von verwandten Phänomenen abgrenzen muss.[18] Unter »Fake News« sollte nicht Klatsch und Tratsch *(gossip)* fallen, denn das ist nur für eine kleine Gruppe relevant. Auch Gerüchte *(rumors)* mit allgemeiner Relevanz und urbane Legenden *(urban legends)* sind keine Fake News, weil sie nicht in Form von Nachrichten auftreten. Aprilscherze und Zeitungsenten *(hoaxes)* sollte man auch nicht als »Fake News« klassifizieren. Zu dieser Gruppe gehören Beiträge aus satirischen Sendungen wie dem *Colbert Report*, der *Daily Show* oder der deutschen *heute-show*. Die Beiträge sind zwar im

Stil echter Nachrichten produziert, die Macher setzen aber darauf, dass das Publikum den Witz versteht.

Meine Arbeitsdefinition von »Fake News« lautet dementsprechend: »Eine Fake News ist eine Behauptung, für die zweierlei gilt. Erstens: Der Produzent und/oder Verbreiter hatte die Absicht (als Lügner) oder hat zumindest billigend in Kauf genommen (als Bullshitter), dass die Behauptung falsch oder irreführend ist. Zweitens: Die Behauptung hatte die Wirkung, eine hinreichende Zahl von Rezipienten so zu täuschen, dass sie sie für eine echte Nachricht gehalten haben.« Oder eben kurz gesagt: Fake News sind gefälschte Nachrichten.

Die Motivation hinter der Produktion von Fake News kann ganz unterschiedlich ausfallen. Während politische Gruppen oft den Gegner verunglimpfen wollen, wie man in Wahlkämpfen oder bei Kriegspropaganda beobachten kann, haben viele Fake-News-Produzenten auch einfach nur Geld im Sinn, wie es bei dem mazedonischen Schüler der Fall war, der mit Pro-Trump-Webseiten reich wurde. Fake-News-Produzenten teilen sich also in Lügner und Bullshitter auf. Sie sind typischerweise in Online-Medien zu finden, aber nicht darauf beschränkt, wie das Beispiel mit den Kartoffelkäfern zeigt. Lügner und Bullshitter produzieren Fake News, Trottel helfen dabei, sie zu verbreiten.[19]

Die Technik der Fake News

Der ehemalige US-Präsident Barack Obama nannte in einem Interview aus dem Jahr 2017 seinen Nachfolger Trump einen »Vollidioten« (»total and complete dipshit«). Zudem sagte er, wie wir mit Nachrichten im Internet umgehen, würde darüber entscheiden, ob wir in der Zukunft überleben oder ob die Gesellschaft sich in eine »fucked up dystopia« verwandele, also, behutsam übersetzt: in eine düstere Dystopie.

Was täuschend echt klang, war tatsächlich nur das Ergebnis eines Programm-Prototyps der Firma Adobe, die damals eine Art Photoshop für Videos entwickelt.[20] Den Text hatte der amerikanische Schauspieler und Regisseur Jordan Peele gesprochen, um auf die Gefahr von gefälschten Nachrichten aufmerksam zu machen.[21]

Auch Forscher von der Universität Washington hatten schon im Jahr 2017 ein Programm entwickelt, das einen animierten Obama zeigt, der nicht mehr vom Original zu unterscheiden ist.[22] Nur 14 Stunden Sprachinput reichten damals für die Künstliche Intelligenz aus, um Obamas Stimme in Echtzeit perfekt zu imitieren.

Natürlich können diese Programme im Prinzip auch dabei helfen, die Bild- und Datenforensik zu verbessern, also gefälschte Bilder und Videos zu entlarven, statt sie zu produzieren. Doch seit dem Erfolg von Künstliche-Intelligenz-Programmen wie ChatGPT, Bard AI oder Bing AI ist klar, dass diese Technik bei Politikern beliebt werden wird. Bei peinlichen oder belastenden Aussagen wird der Satz »Das habe ich nie gesagt. Das war ein Programm« bald eine Standardausrede sein.

Mehr Aufmerksamkeit, bitte!

Wer früher beim freundlichen Sparkassenangestellten mit dem Sparbuch in der Hand mühelos Geld abhob, muss heute das Passwort des Laptops, die Webseite der Bank, den achtstelligen Zugangscode des Kontos, das achtstellige Passwort, die elektronische per SMS übermittelte sechsstellige TAN und eine 22-stellige IBAN kennen, um der Tochter oder dem Sohn 200 Euro für Fahrstunden zu überweisen.

Das Beispiel zeigt, dass Menschen im digitalen Alltag schon jetzt intellektuell herausgefordert sind. Der deutsch-australische Psychologe Stephan Lewandowsky geht davon aus, dass unsere kognitive Belastung durch die Digitalisierung in der Zukunft noch deutlich zunehmen wird. Gerade Konzentration, also die aktive Aufmerksamkeit, kostet auf Dauer körperliche Energie und führt zur sogenannten »Ich-Erschöpfung« (»ego-depletion«), einem Zustand, in dem man zur Willensschwäche neigt und besonders leicht manipulierbar ist.[23]

Auch die digitale Aufmerksamkeitsökonomie führt zu unerwünschten Effekten. Da private Medienanbieter werbefinanziert sind, müssen sie unsere begrenzte Aufmerksamkeit binden. Ist das Aufmerksamkeitsniveau ohnehin hoch wie im Kino, ist für Werbung beispielsweise wenig Unterhaltung nötig.[24] Doch wenn wir mobile Endgeräte wie Smartphones verwenden und dauerhaft scrollen, ist unser Aufmerksamkeitsniveau eher niedrig und somit Unterhaltung entscheidend, um uns an ein Thema zu binden. Das gilt besonders für die Aufmachung von Nachrichten, die immer mehr die Vorurteile und die politische Orientierung der Konsumenten bedienen müssen.

In den USA beispielsweise binden wenige Player am rechten und linken politischen Meinungsrand fast die gesamte Aufmerksamkeit. Die Idee hinter der Privatisierung der Medien war ursprünglich, die Meinungsvielfalt durch einen freien Markt zu erhöhen. In Ländern ohne starken öffentlich-rechtlichen Rundfunk wie den USA ergibt sich aber ein Paradox: Durch die Aufmerksamkeitslogik des freien Marktes hat die Vielfalt abgenommen.[25]

Ein zweites Problem neben der Polarisierung ist die *Aufmerksamkeitsspekulation,* wie Hendricks und Vestergaard feststellen.[26] Viel geklickte Themen erzeugen durch Selbstverstärkung *Informationsblasen,* die analog zu Spekulationsblasen in der Wirtschaft funktionieren. Durch einen Hype werden Themen ähnlich wie Immobilien oder Aktien überbewertet und erhalten zu viel Aufmerksamkeit. Je mehr Aufmerksamkeit sie schon haben, desto mehr weitere Aufmerksamkeit erzeugen sie. Meta-Diskussionen in den Medien blähen Informationsblasen zusätzlich auf, zum Beispiel wenn Nachrichtensender nicht über Ereignisse, sondern über die Twitter/X-Kommentare zu diesen Ereignissen berichten. Der Grund liegt auf der Hand: Diese Informationen sind kostenlos zu erhalten und können leicht weitere Aufmerksamkeit binden.

In sozialen Netzen buhlen auch die Produzenten und Verbreiter von Fake News um unsere Aufmerksamkeit. Sie verfolgen das Ziel, uns zu verwirren oder politisch zu manipulieren. Dabei können sie auf die *Entropie der Lüge* setzen:[27] »Entropie« ist ursprünglich ein Begriff der Physik. In der Thermodynamik beschreibt man damit die stete Zunahme der *Unordnung*. Ein Glas Wodka und ein Eiswürfel haben für sich genommen einen hohen Ordnungszustand. Doch sobald sich der Eiswürfel im Bourbon auflöst, vermischen sich die Substanzen, verteilen sich gleichmäßig und vergrößern damit die physikalische Unordnung. Für Ordnung zu sorgen, also Wasser und Wodka wieder zu trennen, kostet viel Energie.

Das gilt im übertragenen Sinne auch für Informationen. Gerade in sozialen Netzen ist der Aufwand, Unwahrheiten unter die Fakten zu mischen und damit Schaden anzurichten (für Unordnung zu sorgen), verhältnismäßig gering: Gerüchte, gefälschte Nachrichten und Verschwörungstheorien verbreiten sich dort meist sogar schneller als Tatsachenbehauptungen.[28] Der Aufwand, mit Richtigstellungen diesen Schaden zu beseitigen und die Wahrheit von der Unwahrheit zu trennen (die Ordnung wiederherzustellen), ist überproportional hoch. Zudem erreicht man mit einer Gegendarstellung weder alle Getäuschten, noch stimmt man sie damit um.[29]

Die Erklärung für die schnelle Verbreitung von Bullshit liegt auf der Hand. Gefälschte Nachrichten müssen nur ein Kriterium erfüllen: Sie müssen die Aufmerksamkeit maximal binden, also rührend, spannend, schockierend oder wenigstens überraschend sein. Bei wahren Geschichten ist das nur manchmal der Fall, daher wird es die Wahrheit auf dem Nachrichtenmarkt immer schwerer haben als der Bullshit.

Der WDR hat 2016 bei Infratest dimap eine Umfrage in Auftrag gegeben und danach verkündet: »Große Mehrheit der Bundesbürger mit deutschen Medien zufrieden.«[30] Dabei handelte es sich zwar um eine wahre Aussage, sie ist allerdings beschönigend formuliert. Es entbehrt nicht einer gewissen Ironie, dass die Beschönigung gerade von einem öffentlich-rechtlichen Sender stammt, dessen Redlichkeit zur Disposition stand.

Zwar hatten damals 61 Prozent der Deutschen großes oder sehr großes Vertrauen in die öffentlich-rechtlichen Medien. Die Zahl bedeutet aber auch, dass knapp 40 Prozent wenig Vertrauen hatten. Das verschweigt die Schlagzeile. Neuere Umfragen legen nahe, dass bei den Deutschen das Vertrauen in die Medien in den letzten Jahren noch weiter gesunken ist: auf aktuell 53 Prozent im Jahr 2023.[31]

Da beruhigt es wenig, dass in den USA die Lage deutlich schlimmer ist. Dort hat nur etwa ein Drittel der Bürger Vertrauen in die Massenmedien.[32] Wenn Fake News nicht systematisch entlarvt werden, droht dieser Vertrauensverlust fortzuschreiten.

Übertragen auf Informationen in der Öffentlichkeit bedeutet das: Wenn es ohnehin immer schwieriger ist, zwischen gefälschten und seriösen Nachrichten zu unterscheiden, weil Fake News überhandnehmen, ist es von zentraler Bedeutung, dass private und insbesondere öffentlich-rechtliche Medien so gewissenhaft arbeiten, dass die Menschen wenigstens dort den Nachrichten vertrauen.

KAPITEL 4
DIE PSYCHOLOGIE DES BULLSHITS

Hyper-Skepsis

Früher bei der Familienfeier, wenn der Onkel mal wieder Bullshit erzählt hat, zum Beispiel, dass die CIA 20 000 Menschen in Deutschland beschäftigt, um die Nachrichten zu kontrollieren, war die Widerlegung mühsam, wenn nicht gar unmöglich. Das Internet ist ein Traum, weil man jetzt für die Faktenprüfung nicht mehr das staubige Lexikon aus dem Regal ziehen oder im Zeitungsarchiv wühlen muss, sondern unmittelbar an die journalistischen Quellen oder die wissenschaftlichen Studien gelangen kann.

Das Internet ist aber auch ein Albtraum, oder, wie der Internetpionier Joseph Weizenbaum einmal gesagt hat: ein riesiger Müllhaufen mit einigen Perlen drin.[1] Wer nicht weiß, wie man die Perlen findet, versinkt im Unrat. Egal wie gut man den Onkel jetzt widerlegt, für seine abstruse Meinung findet er immer noch genug vermeintliche Belege.

Zwei Faktoren kommen dabei oft zusammen: Den Leuten fehlt eine Grundausbildung in rationalem, speziell wissenschaftlichem Denken. Gleichzeitig haben sie eine Vorliebe für die Extreme. Eine Zeitung hat nicht die »genauen« Zahlen bei einer Demo genannt? Klarer Fall: die gesamte »Mainstream«-Presse lügt. Beim Terror-Anschlag 2016 in Berlin ist erst der Falsche verhaftet worden? Eindeutig: Da steckt die Regierung dahinter. Der amerikanische Philosoph Jerry Fodor meinte einmal, diese Haltung sei so, als würde man sich bei Kopfschmerzen den Kopf abhacken, statt Aspirin zu nehmen.[2] An Verschwörungstheorien kann man das besonders gut zeigen.

Verschwörungstheorien

Wussten Sie, dass Echsenwesen die Welt beherrschen? Angela Merkel, Barack Obama, Queen Elizabeth, Mark Zuckerberg und andere einflussreiche Personen gehören zu einer besonderen Spezies von Reptilien, die sich die menschliche Haut nur übergestülpt haben.[3] Doch manchmal verraten sie sich, wenn ihre Augen schlangenartig hin und her flackern. Außerdem schimmern bei ihnen auf einigen Fotos die Schuppen ihrer Echsenhaut unter der Maskerade hervor. Im Internet gibt es dazu genug Beweise.

Doch die naive Bevölkerung lässt sich einlullen. Dafür gibt es auch einen Grund: Weltweit versprühen die Regierungen über die Turbinen von Flugzeugen ein Nervengift, das die Bevölkerung gefügig macht. Diese »Chemtrails« sehen anders aus als normale Kondensstreifen. Das kann man leicht erkennen: Früher waren viel weniger Streifen am Himmel zu sehen und sie verdunsteten schnell. Ein Blick zum Horizont zeigt, wie anders das inzwischen ist. Vermutlich musste Lady Di sterben, weil sie die Machenschaften der Echsenwesen aufdecken wollte. Ein bloßer Unfall war das in Paris jedenfalls nicht.

Deutschland ist übrigens kein souveräner Staat. Die Rothschilds kontrollieren den gesamten Finanz- und Wirtschaftsmarkt. Oder vielleicht sind es auch die Freimaurer. Deren Erkennungszeichen, ein Auge und ein Dreieck, findet man jedenfalls überall.

Nicht Terroristen haben die Anschläge vom 11. September 2001 verübt, sondern die USA mithilfe des israelischen Geheimdiensts Mossad, um einen Vorwand für einen Krieg gegen Afghanistan zu haben. Hochhäuser stürzen doch nicht so sauber in sich zusammen. Und warum sind die jüdischen Banker an diesem Tag alle zu Hause geblieben?

Zum Glück kann man sich gegen die Manipulation der Eliten kostengünstig schützen, zum Beispiel mit einem selbstgebastelten Alu-Hut, der manipulierende Strahlen abweist. Sonst hilft nur die konsequente Grundhaltung: Nichts ist, wie es scheint, und hinter allen großen Ereignissen der Weltgeschichte steckt ein Masterplan.[4]

Ungefähr so muss man sich die Gedankenwelt eines Verschwörungstheoretikers vorstellen. Wie die Forschung zeigt, speisen sich Verschwörungstheorien aus zwei Quellen: aus *kognitiven Denkfehlern*, die man bei vielen Menschen findet, und aus einer Reihe von besonderen Persönlichkeitsmerkmalen, die zusammen die *Verschwörungsmentalität* ausmachen.[5]

Geheime Strippenzieher: die kognitiven Denkfehler der Verschwörungstheoretiker

Schauen wir uns zunächst die kognitiven Denkfehler an. Hier sticht die falsche Kausaltheorie besonders hervor, nämlich die Idee, dass eine kleine Elite im Geheimen die Geschicke der Menschheit lenkt. Am Werk sind nicht komplexe und daher schwer fassbare politische, soziale und ökonomische Entwicklungen, sondern eine Gruppe von mächtigen Marionettenspielern.

Eine Kausaltheorie sagt etwas über Ursachen und Wirkungen. Wir alle haben so eine Theorie, auch wenn wir sie nicht explizit formulieren können. Wir wissen zum Beispiel, dass das Fallenlassen der Vase verursacht, dass sie auf dem Küchenboden zerbricht. Wir wissen, dass es Menschen wütend macht, wenn man sie beleidigt, oder genauer ausgedrückt, dass Beleidigungen Wut verursachen. Und wir wissen: Sonnenstrahlen verursachen Sonnenbrand.

Annahmen über Verursachung sind so essentiell für unser Denken und Handeln, dass Kant das *Kausalprinzip* (»Jedes Ereignis hat eine Ursache«) als eines der Grundprinzipien der Vernunft ansah.[6] Wir können die Welt nämlich überhaupt nicht verstehen, ohne zu unterstellen, dass Wirkungen auf Ursachen folgen.

Viele Ursachen sind fern, komplex und unsichtbar. Tiefdruckgebiete über dem Atlantik verursachen Wolkenbildung über der Lüneburger Heide. Hunderte kleine Fehlentscheidungen haben die Finanzkrise von 2008 verursacht. Und Viren, die zu winzig sind, um sie mit bloßem Auge zu erkennen, haben die Coronapandemie verursacht.

Mit fernen, komplexen und unsichtbaren Ursachen können Menschen nicht gut umgehen, denn die typischen Ursachen liegen in unserem Nahbereich der mittelgroßen Objekte, also der Menschen, Autos und Blumenvasen. So erklärt sich, warum die antiken Griechen Zeus als Blitzeschleuderer ansahen und noch heute viele Naturvölker Dämonen und Hexen für Unerklärliches verantwortlich machen, zum Beispiel wenn das Haus einstürzt oder das Kind krank ist.[7]

Verschwörungstheorien kommen dieser Neigung entgegen. Auch hier sind es immer kleine Gruppen von Handelnden, die für die Missstände der Welt zuständig sein sollen: die CIA, die Freimaurer, die Rothschilds oder einfach »die Eliten«. Eindeutige personale Verursacher sind eingängiger als komplexe und abstrakte Erklärungen, die die Umstände von Ereignissen berücksichtigen.

Wer einmal über Wahrscheinlichkeiten nachgedacht hat, weiß: Wenn am selben Tag zwei Menschen auf verschiedenen Kontinenten tödlich verunglücken, sie aber vor zwei Jahrzehnten zusammen für die Regierung gearbeitet haben, ist ziemlich sicher purer Zufall im Spiel. Der Verschwörungstheoretiker sieht darin eine versteckte Botschaft oder einen höheren Plan. Psychologen nennen diese Neigung *hyperaktive Handlungserkennung*.[8]

Aber wie kommt man überhaupt auf die wahnwitzige Idee, die USA hätten das World Trade Center selbst angegriffen und über 3000 Menschen getötet, nur um später einen Grund zu haben, in Afghanistan einzumarschieren? Hier greift der zweite Denkfehler, der sich in der Argumentationsform des *Cui-Bono-Prinzips* verbirgt, das sinngemäß sagt: »Wem etwas nützt, der hat es getan.« Der römische Philosoph Seneca, auf den das Prinzip zurückgeht, hat es in einem Strafprozess verwandt, um den eigentlichen Tätern ein Motiv nachzuweisen und so seinen unschuldigen Mandanten zu entlasten. Evolutionär ist es durchaus plausibel, erst einmal nach dem Motiv zu fragen, denn nur so kann man Handlungen erklären. Fehlt ein Motiv, kann zum Beispiel die Polizei Morde nur schwer aufklären, wie wir aus dem Fernsehen wissen.

In der Argumentationstheorie benennt das Prinzip allerdings einen Fehlschluss. Nur weil die Folgen einer Tat für jemanden nützlich sind, muss er sie noch lange nicht begangen haben. Eine kurze Plausibilitätsüberlegung widerlegt auch die Verschwörungstheorie hinter dem Anschlag von 9/11. Um in Afghanistan einzumarschieren, hätte den USA ein weniger dramatischer Vorwand gereicht. Sie hätten einfach sagen können: Das Land hat Massenvernichtungswaffen.

Die Falschen sind an der Macht: die Mentalität der Verschwörungstheoretiker

Die absurd klingende Verschwörung der Echsenmenschen erinnert an John Carpenters Film *They Live* aus dem Jahr 1988, in dem die gesamte Oberschicht aus Außerirdischen besteht, die sich als Menschen tarnen und den Rest der Bevölkerung für sich arbeiten lassen. Der Film ist eine Allegorie auf versteckte Macht und den Zweifel der Unangepassten, die die Machthaber am Ende enttarnen.

Wie andere radikale Positionen beginnt die Verschwörungstheorie oft mit einer gesunden Skepsis gegenüber Autoritäten, die dann weit über das Ziel hinausschießt und in das absurde Gegenteil umschlägt.

Studien zeigen, dass Verschwörungstheoretiker eher einen intuitiven Denkstil haben, der unwissenschaftlich ist und sich von Bauchgefühlen leiten lässt. Mit Statistik können sie wenig anfangen. In weltweiten Untersuchungen sind Verschwörungstheoretiker typischerweise jung, haben einen niedrigen Bildungsstand, sind eher religiös oder spirituell, glauben verstärkt an Übernatürliches und neigen grundsätzlich zu extremen Ansichten.[9] In einer repräsentativen Studie in Deutschland hingegen waren es vor allem die Jahrgänge über 60 Jahre, die an Verschwörungstheorien glaubten.[10] Verschwörungstheoretiker finden es nicht problematisch, gleichzeitig an zwei Thesen zu glauben, die sich widersprechen.[11] Und sie fallen leichter als der Durchschnitt auf Fake News herein, wie eine Untersuchung zeigt, in der über 2,3 Millionen Facebook-Profile ausgewertet wurden.[12]

Neben kognitiven Defiziten zeichnet sie vor allem eine *Verschwörungsmentalität* aus, bei der es um die eigene moralische Identität geht, also zum Beispiel darum, wie man den Stellenwert von Autorität im eigenen Leben bewertet.[13] Die Verschwörungsmentalität kann man ganz analog zu Theodor W. Adornos Idee des *autoritären Charakters* verstehen.[14] Der Philosoph charakterisiert damit einen Typus Mensch, der für autoritäres, speziell rechtsradikales Gedankengut besonders empfänglich ist. So jemand legt nicht nur Wert auf Autorität und Macht, er ist auch anfällig für Aberglauben, setzt anderer Menschen herab und ist fest davon überzeugt, dass es das Böse in der Welt gibt.

Menschen mit einer Verschwörungsmentalität haben ähnliche Merkmale, und so überrascht es nicht, dass sich beide Gruppen stark überschneiden. Unter Rechtsradikalen sind Verschwörungstheorien besonders beliebt, und viele Verschwörungstheorien bedienen rechtsradikale Einstellungen.[15] Allerdings findet man die Verschwörungsmentalität auch im linken Lager. Die amerikanische Linke beispielsweise tendiert dazu, Russland, speziell Putin, für alles Mögliche verantwortlich zu machen, unter anderem auch für die Unruhen in Ferguson im Bundesstaat Missouri im Jahr 2014.[16]

Verschwörungstheoretiker sind gegenüber Autoritäten sensibilisiert.[17] Grundsätzlich denken sie selbst autoritär und wollen andere dominieren, daher stört es sie besonders, wenn die Autorität in den vermeintlich falschen Händen liegt.

Dass es sich dabei um eine tief verwurzelte Einstellung handelt, sieht man auch daran, dass Verschwörungstheoretikern Macht grundsätzlich nicht geheuer ist. Wer einer Verschwörungstheorie anhängt, neigt dazu, auch andere Verschwörungstheorien für wahr zu halten nach dem Prinzip: »Die NASA hat die Mondlandung gefälscht, daher ist der Klimawandel ein Mythos«, wie der Titel eines Forschungsaufsatzes sinngemäß lautet.[18] Es mag zwar evolutionär sinnvoll gewesen sein, Macht in der Gruppe zu misstrauen, zumal Herrschaft oft komplementär ist: Wenn ich keine Macht habe, haben meist andere sie. Doch der unmittelbare Sprung von »Andere haben Macht« zu »Andere missbrauchen ihre Macht gegen mich« ist ein Fehlschluss.

Verschwörungstheoretiker leiden nach eigener Auskunft typischerweise an einem Gefühl der Machtlosigkeit und Unterlegenheit.[19] Sie haben den Eindruck, dass man gegen die Oberen in Wirtschaft und Politik ohnehin nichts ausrichten kann. Zudem fühlen sie sich oft ausgeschlossen, wenig sozial integriert und entfremdet.[20]

Man kann dieses Gefühl sogar experimentell verstärken und so Verschwörungsgedanken erzeugen. Studenten, die in einer klassischen Angstsituation, nämlich kurz vor einer wichtigen Examensprüfung, befragt wurden, machten stärkere verschwörungstheoretische Annahmen als die entspannte Kontrollgruppe.[21] In einem anderen Versuch gaben Psychologen einer Gruppe unlösbare Aufgaben und ließen sie im zweiten Schritt Bilder betrachten, die per Zufall generiert waren. Im Gegensatz zur Kontrollgruppe erkannten diese gescheiterten Probanden deutlich mehr Muster in diesen Bildern.[22] Das legt nahe, dass Menschen, die die Welt um sich herum nicht aus eigener Kraft ordnen können, die Ordnung an anderer Stelle suchen.

Die Versuche könnten auch erklären, warum Verschwörungstheoretiker oft mit dem Gestus der Überlegenheit auftreten. Sie wähnen sich im Besitz eines Geheimwissens, das anderen vorenthalten ist, und genießen das Gefühl, etwas Besonderes zu sein.[23] Während die übrigen Menschen Naivlinge sind, »Schlafschafe«, die erst einmal aus ihrem dogmatischen Schlummer aufwachen müssen, sehen Verschwörungstheoretiker sich als Systemkritiker, die nicht auf Täuschung hereinfallen und gleichzeitig immer etwas Überraschendes zu erzählen haben.

Als Bewältigungsstrategie könnte das Überlegenheitsgefühl zwei Funktionen haben: Einerseits gibt es den Verschwörungstheoretikern das Machtgefühl als *Ersatz* für fehlende Macht, im Gegensatz zur Masse die wirklichen Zusammenhänge zu durchschauen. Andererseits dient die These von den geheimen Strippenziehern als eine *Rationalisierung*, also eine Umdeutung der eigenen Ohnmacht.[24] Die zweite Haltung würde auch erklären, warum Antisemitismus so oft als Element in Verschwörungstheorien auftaucht. Antisemitische Verschwörungstheoretiker halten Juden zwar für minderwertig, aber dennoch für mächtig.[25]

Echte Verschwörungen

Natürlich hat es in der Menschheitsgeschichte immer wieder Verschwörungen gegeben. Eine Theorie über eine Verschwörung muss nicht grundsätzlich falsch oder eine abstruse Verschwörungstheorie sein. Ein Beispiel: Hätte sich jemand in den USA im Jahre 1964 mit der These an die Medien gewandt, dass Nikotin süchtig macht und Rauchen lebensgefährlich ist, dass sich aber die großen konkurrierenden Tabakfirmen im Geheimen verbündet hätten, um eine Handvoll Wissenschaftler zu bestechen, damit sie Untersuchungen zum Rauchen fälschen, dann hätte man ihn als durchgeknallten Verschwörungstheoretiker diskreditiert.[26] Tatsächlich hat es sich genau so zugetragen.[27] Die Verschwörung der Tabakfirmen kam kurze Zeit darauf ans Licht.

Noch erschütternder ist das sogenannte Tuskegee-Experiment, das die USA von 1932 bis 1972 in der Region von Tuskegee im Bundesstaat Alabama durchführten.[28] Forscher beobachteten den Verlauf der Geschlechtskrankheit Syphilis an über 400 männlichen, schwarzen US-Bürgern, die als Saisonarbeiter oft weder lesen noch schreiben konnten. Obwohl man schon in den späten 1940er-Jahren wusste, dass Penicillin ein wirksames Mittel gegen Syphilis ist, brachen die Forscher das Experiment nicht ab, sondern ließen ihre Versuchspersonen fast dreißig Jahre lang unbehandelt, um die langfristigen Folgen der chronischen Krankheit zu beobachten. Weder die Teilnehmer noch die Öffentlichkeit wussten von dem Experiment. Angesichts dieser Fälle könnte man davon ausgehen, dass es noch etliche nicht aufgedeckte Verschwörungen geben dürfte.

Man muss sich allerdings vor Augen führen, dass mit der Zahl der Beteiligten und der Brisanz der Verschwörung die Wahrscheinlichkeit steigt, dass die ganze Sache ans Licht kommt. Wer schon einmal eine Überraschungsparty organisiert hat, weiß, wie schwer es ist, dass nur dreißig Leute eine Woche lang dichthalten, ohne dass sich jemand verplappert.[29] Und in diesem Fall geht es nur um eine Geburtstagsfeier. Bei einer echten Verschwörung muss nur eine einzige Person unzufrieden oder geldgierig sein, ein schlechtes Gewissen oder einfach den Wunsch haben, ihre Freunde mit einer krassen Geschichte zu beeindrucken.

Der irische Physiker David Robert Grimes hat eine mathematische Formel erstellt, mit der man vorhersagen kann, wann Verschwörungen auffliegen. Drei Faktoren muss man dafür erfragen: Wie viele Personen waren dabei, wie hoch ist die Wahrscheinlichkeit, dass die Teilnehmer einen Fehler machen, und wie lange gibt es die Verschwörung schon?[30]

Um einen Vergleichswert zu erhalten, schaute sich Grimes Verschwörungen an, die tatsächlich aufgeflogen sind. Das Abhörprogramm PRISM der National Security Agency (NSA) der USA beispielsweise hatte geschätzt 36 000 Mitarbeiter und lief sechs Jahre, bevor Edward Snowden die Machenschaften der NSA enthüllte.[31] Vom Tuskegee-Experiment wussten hingegen nur etwa 3000 Menschen, und es lief ab dem Zeitpunkt, als Penicillin als Heilmittel bekannt war, noch etwas länger als 25 Jahre, bis es an die Öffentlichkeit kam.

Nimmt man in diesen Fällen an, dass alle Beteiligten Korpsgeist bewiesen und die Geheimnisse gut verbergen konnten, hat man einen guten Wert für die innere Stabilität einer Verschwörung. Angewendet auf eine der berühmtesten Verschwörungstheorien, nämlich die »gefälschte Mondlandung«, bedeutet das: Spätestens seit 1969 hätten über 400 000 NASA-Angestellte davon gewusst, dass die Mondlandung in einem Hollywood-Studio gefilmt wurde. Grimes zufolge läge der Entdeckungsfaktor bei diesen großen Zahlen bei knapp vier Jahren. Derart große Verschwörungen einschließlich der jahrhundertealten Weltverschwörung wären also wahrscheinlich längst aufgeflogen, hätte es sie tatsächlich gegeben.

Die digitalen Medien, vor allem soziale Netze, begünstigen die Verbreitung von Verschwörungstheorien, weil sie die aberwitzigsten Annahmen zu bestätigen scheinen und durch eine Gruppendynamik noch verstärken. Lewandowsky hat das halb im Scherz so ausgedrückt: Früher gab es in jedem Dorf einen Verschwörungstheoretiker, den die anderen ausgelacht haben. Jetzt verbinden sich 20 000 Dorftrottel in einer Facebook-Gruppe und haben plötzlich das Gefühl, nicht mehr allein zu sein.[32]

Was uns anfällig macht: mentale Kurzschlüsse

Der israelisch-amerikanische Psychologe Daniel Kahneman stellt seinen Studenten im Seminar immer folgende Frage: »Ein Baseballschläger und ein Ball kosten zusammen 1,10 Dollar. Der Schläger kostet einen Dollar mehr als der Ball. Wie viel kostet der Ball?« Nur etwa die Hälfte aller Studenten der Elite-Universitäten Harvard, MIT und Princeton geben darauf die richtige Antwort.[33] An anderen Universitäten liegen sogar etwa 80 Prozent falsch.

Als Antwort fällt uns sofort »10 Cent« ein. Das ist allerdings falsch. Für den Ball 10 Cent auszugeben, bedeutet, 1,10 Dollar für den Schläger hinzulegen. Macht zusammen 1,20 Dollar. Tatsächlich lautet die richtige Antwort. »5 Cent« für den Ball und »1,05 Dollar« für den Schläger. Der Schläger kostet dann einen Dollar mehr, und zusammen kosten sie 1,10 Dollar.

Wer schnell und intuitiv das sagt, was ihm durch den Kopf schießt, macht sich laut Kahneman der *mentalen Faulheit* schuldig. Wer die Frage richtig beantwortet, hat zuerst auch die falschen Zahlen »10 Cent« und »1,10 Dollar« im Kopf, kann aber die spontane Antwort stoppen und erst einmal gründlich nachrechnen. Das ist anstrengend, zahlt sich aber aus.

Für seine Forschung zu intuitiven Heuristiken sowie Denk- und Entscheidungsfehlern *(heuristics and biases)* hat Kahneman den Ökonomie-Nobelpreis erhalten. In Anlehnung an die Forschung seines Kollegen Keith Stanovich unterscheidet Kahneman zwischen zwei Denkarten, die er »Systeme« nennt. Das *schnelle System*, man könnte auch sagen der »Bauch«, arbeitet meist unbewusst, automatisch, anstrengungslos, emotional und ohne willentliche Kontrolle. Beispiele für schnelles Denken sind spontane Urteile, unsere soziale Intelligenz, das Bauchgefühl und routinierte Bewegungen, etwa wenn wir beim Autofahren schalten.

Das *langsame System,* man könnte auch sagen: die »Vernunft«, ist dagegen bewusst, willentlich, logisch und abstrakt. Es ist immer dann eingeschaltet, wenn wir Aufgaben erledigen, die unsere Aufmerksamkeit fordern, wie Einparken, einen Urlaub planen, sich zwischen zwei Kühlschrank-Modellen entscheiden oder über soziale Gerechtigkeit diskutieren.

Bei Verschwörungstheorien gehen die typischen Kurzschlüsse über Kausalität auf das Konto des schnellen, intuitiven Denkens. Diese Denkfehler sind allerdings selten eine Frage mangelnder Konzentration, sondern vielmehr eine des Unvermögens. Langsames, analytisches Denken muss man über viele Jahre lernen.

Wir verwenden allerdings nicht nur je nach Situationen den einen oder anderen Denkstil. Menschen unterscheiden sich auch darin, welchen Stil sie generell bevorzugen. So haben Psychologen Tests entwickelt, um zwischen Probanden mit einem *intuitiven Denkstil* und denen mit einem *analytischen Denkstil* zu unterscheiden. Inzwischen hat die Forschung zahlreiche Denkfehler und archaische Kurzschlüsse gesammelt, die vor allem intuitiv denkende Menschen begehen. Viele dieser Fehler spielen bei Verschwörungstheorien und der Anfälligkeit für Fake News eine entscheidende Rolle.

Ein Beispiel: Wer Immigranten als Gefahr ansieht, hat schnell Pressemeldungen von Straftaten und Sozialbetrug von Ausländern zur Hand. Wer sie für eine Bereicherung hält, denkt eher an Erfolgsgeschichten einer gelungenen Integration. Menschen blicken in solchen Debatten selten auf die Statistik, um sich ein differenziertes Bild von Einwanderung zu machen.

Die eigene Voreingenommenheit steuert hier die selektive Wahrnehmung. Der Denkfehler dahinter heißt *Bestätigungsirrtum*: Menschen tendieren dazu, nur nach Hinweisen zu suchen, die ihre eigenen Thesen bestätigen, und nicht nach solchen, die ihnen widersprechen. Vor allem dann, wenn das eigene Selbstbild betroffen ist und es um Politik und andere emotional aufgeladene moralische Themen wie Bedrohungen der eigenen Gruppe geht.[34]

Der Bestätigungsirrtum ist weit verbreitet. Niemand ist davor geschützt, nicht einmal die Wissenschaftler, die dazu forschen. Ein wichtiges Prinzip der Wissenschaft ist daher die *Falsifizierbarkeit*, also die Widerlegbarkeit von Theorien. Das hat der österreichische Philosoph Karl Popper gezeigt.[35] Gerade weil wir spontan nur nach positiven Belegen suchen, müssen wir uns dazu zwingen, bei jeder Annahme zuerst zu fragen, was dagegensprechen könnte.

Was uns auch anfällig macht: das Wahrheitsgefühl

In einem klassischen Experiment erfuhren Probanden, dass in einem Kaufhaus ein Feuer ausgebrochen war, weil sich Lacke und Gasflaschen entzündet hatten. Diese Begründung revidierten die Versuchsleiterinnen allerdings am Ende der Geschichte. Doch als sie die Probanden ein paar Tage später nach der Ursache des Feuers fragten, antworteten die meisten: Es lag an den Lacken und Gasflaschen. Sie hatten sich die falsche Begründung gemerkt, weil sie sie zuerst gehört hatten, nicht aber die Widerlegung, die später kam.[36]

Ein weiterer Gedächtniseffekt begünstigt diese Haltung zusätzlich, nämlich die *Quellenamnesie*.[37] Bei Faktenwissen vergessen wir oft, woher unsere Informationen stammen. Wir wissen, dass der Eiffelturm in Paris steht, erinnern uns aber typischerweise nicht daran, wo und wann wir es zum ersten Mal gelernt haben. Im Gedächtnis wird nicht zusätzlich zur Information ein Vermerk gespeichert, wie zuverlässig oder unzuverlässig die Quelle war.

Das zeigt, warum sich die Entlarvung von Fake News so schwierig gestaltet, und warum die Entropie der Lüge zunehmen wird. Die Widerlegung einer Lüge ist komplexer als die Lüge selbst. Man muss den falschen Sachverhalt noch einmal wiederholen, um ihn in einem zweiten Schritt zu entkräften.[38] Dadurch setzt bei vielen der *Wiederholungseffekt* ein: Gerade Menschen mit einem intuitiven Denkstil tendieren dazu, dasjenige für wahr zu halten, was einfach ist und ihnen durch viele Wiederholungen vertraut vorkommt.[39] Es fühlt sich dann wahr an. So glauben laut einer aktuellen Umfrage 41 Prozent aller Amerikaner, im Irak seien Massenvernichtungswaffen gefunden worden.[40] Von »Massenvernichtungswaffen« ist oft genug in den Nachrichten die Rede gewesen.

Auch die journalistische Berichterstattung verstärkt den Wiederholungseffekt. So war die größte Angst der Deutschen viele Jahren lang der islamistische Terrorismus, weil er ständig Thema in den Nachrichten war.[41] Dennoch war es extrem unwahrscheinlich, durch einen solchen Anschlag zu sterben. Zwischen den Jahren 2001 und 2018 wurden in Deutschland 14 Menschen durch islamistischen Terror getötet. Zum Vergleich: Im selben Zeitraum sind knapp 80 000 Menschen bei Verkehrsunfällen und über 160 000 bei Unfällen im Haushalt umgekommen.[42] Überspitzt gesagt: Rechtsabbieger sind wesentlich gefährlicher als Islamisten.

Bei der Einschätzung von Größenordnungen zeigt sich der Effekt ebenfalls. So schätzten Teilnehmer einer Studie, dass in Deutschland 20 Prozent der Bevölkerung Muslime sind. Tatsächlich sind es nur etwa 5,7 Prozent.[43]

Menschen mit einem intuitiven Denkstil fällt es besonders schwer, von ihrer ersten Einschätzung loszukommen, selbst wenn sie gar nicht relevant ist, vor allem, wenn die Themen sie emotional aufwühlen.[44]

Zudem verlassen wir uns alle in unseren Einschätzungen zu sehr auf *anekdotische Evidenz*, also Einzelfälle, von denen man gar keine allgemeinen Aussagen ableiten kann.[45] Evolutionär mag so ein Schluss sinnvoll gewesen sein: Hat uns jemand einmal hintergangen, ist es am sichersten, ihm nie mehr zu trauen. Diese Haltung befördert allerdings den Glauben an Verschwörungstheorien und Pseudowissenschaft. Gerade Menschen mit einem intuitiven Denkstil lassen sich von anekdotischer Evidenz verunsichern. Manchmal reicht es schon aus, wenn ein Klimaskeptiker von einem kalten Winter erzählt, und schon stellen intuitiv denkende Menschen die von Tausenden von Spitzenforschern vertretene These vom menschengemachten Klimawandel in Frage.

Was uns noch anfälliger macht: moralische Identität

Warum setzen sich manche Menschen an einem sonnigen Freitagnachmittag zu Hause vor den Computer und schneiden Fotos aus dem Internet zusammen, um eine erfundene Nachricht über eine Massenvergewaltigung durch syrische Flüchtlinge unter die Leute zu bringen, anstatt an den See zu fahren und eine Runde zu schwimmen? Warum machen sich all die anderen nicht die Mühe, die Information zu überprüfen, sondern teilen diese Falschnachricht in ihren sozialen Netzen? Und warum verwerfen solche Leute alle positiven Nachrichten über die Integration als »Fake News«? Die kurze Antwort lautet: um ihre *moralische Identität* zu schützen. Das klingt überraschend, ist aber inzwischen durch Studien gut belegt.[46]

Die Verbreitung von Fake News und der Vorwurf »Lügenpresse« sind zwei Seiten derselben Medaille. Beide Manöver sind von dem Wunsch gesteuert, dass die Welt zur eigenen moralischen Auffassung passen soll, zum Beispiel zu der These, dass Immigranten eine Gefahr für die heimische Bevölkerung darstellen.

Sollten die Tatsachen diesem Weltbild widersprechen, hat man zwei Möglichkeiten, um eine *kognitive Dissonanz*,[47] also eine innere Spannung, zu vermeiden: die eigenen Auffassungen revidieren oder die Welt umdeuten. Da Menschen, wie gesagt, zur Selbsttäuschung neigen, ergreifen sie immer wieder die zweite Möglichkeit. Dabei kommt ihnen ihre Neigung zum Bestätigungsirrtum gerade recht. Durch selektive Wahrnehmung glauben sie nur noch das, was zur eigenen Gesinnung passt. Was nicht passt, wird passend gemacht: umgedeutet, relativiert oder aktiv ignoriert.[48]

Psychologen sprechen in diesem besonderen Fall der Selbsttäuschung von *identitätsschützenden Denkfehlern (identity protection biases)*. Sigmund Freud, der in diesem Punkt hellsichtig war, meinte, dass wir unser »Ich-Ideal« erhalten wollen.[49] Und unsere Moral bildet den Kern unserer Identität.[50]

Ein Beispiel: In einem klassischen Versuch des amerikanischen Psychologen Charles Lord aus den 1970er-Jahren erhielten Befürworter und Gegner der Todesstrafe wissenschaftliche Artikel, die entweder die Todesstrafe für den Rückgang der Straftaten verantwortlich machten oder keinen derartigen Effekt feststellen konnten.[51] Die Artikel selbst waren frei erfunden, was die Probanden aber nicht wussten. Wer für die Todesstrafe war, hielt die Artikel zum Rückgang der Straftaten für plausibel und die gegenteiligen Untersuchungen für falsch. Bei den Befürwortern war es genau umgekehrt, obwohl sich beide Gruppen ansonsten nicht unterschieden.

Der Identitätsschutz kann so weit gehen, dass Versuchspersonen, wenn man sie mit eindeutigen Gegenbeweisen zu ihrer Auffassung konfrontiert, paradoxerweise noch stärker auf ihrer Meinung beharren, statt sie zu revidieren. Dieser sogenannte *Backfire-Effect* ist besonders bei Menschen mit intuitivem Denkstil verbreitet.[52]

Was uns am anfälligsten macht: Stammesdenken

Laut einer Untersuchung in den USA halten Konservative *(conservatives)* im Gegensatz zu Linksliberalen *(liberals)* Berichte zur menschengemachten Erderwärmung tendenziell für falsch, während Linksliberale im Gegensatz zu Konservativen meinen, dass der Krieg im Irak die Wahrscheinlichkeit für Terroranschläge in den USA erhöht hat. Die Einschätzung hängt allerdings nicht vom wissenschaftlichen Sachverstand der Probanden, sondern einzig von ihrer politischen Ausrichtung ab.[53] Diese Untersuchung des amerikanischen Rechtswissenschaftlers Donald Braman und seiner Kollegen ist ein gutes Beispiel für modernen *Tribalismus*, also für unser immer noch vorhandenes Stammesdenken.

Erst in den letzten Jahrzehnten hat sich in Experimenten gezeigt, wie stark unsere Gruppenzugehörigkeit unsere moralische Identität bestimmt. Die Unterscheidung zwischen kognitiven und identitätsschützenden Denkfehlern bei Verschwörungstheoretikern hat eine Parallele im politischen Diskurs. Auch hier geht es bei den Denkfehlern meist um die moralische Identität, also um Autorität und Macht, aber auch um Themen wie Gerechtigkeit, Freiheit und Fürsorge für Schwache sowie Reinheit und Gesundheit.[54] Gerade die Gruppenzugehörigkeit hat sich dabei als einer der stärksten Faktoren erwiesen, Vermeidungsstrategien gegenüber der Wahrheit zu entwickeln.

Ein Beispiel: Als Forscher im Jahre 2004 Demokraten und Republikaner mit den Lügen ihrer jeweiligen Präsidentschaftskandidaten John Kerry und George W. Bush konfrontierten, konnten sie am Hirnscanner mitverfolgen, wie sich dabei die Emotionszentren im Hirn der Probanden einschalteten. So wurde das kühle Schlussfolgern im sogenannten dorsolateralen Frontalhirn überstimmt, das üblicherweise bei neutralen Fragen aktiv ist.[55] Die Probanden wollten einfach nicht wahrhaben, dass ihre Kandidaten lügen.

Besonders aussagekräftig ist ein Versuch des amerikanischen Rechtswissenschaftlers und Psychologen Dan M. Kahan und seiner Kollegen. Sie baten ihre Probanden, neutrale wissenschaftliche Studien einzuschätzen, zum Beispiel die Wirkung einer Hautcreme, und testeten damit deren statistisches Wissen. Wie zu erwarten, stellten sich Probanden mit einem analytischen Denkstil besonders gut dabei an.[56]

Doch das Thema der nächsten Fragerunde war politisch brisant, denn es ging um die Frage, ob schärfere Waffengesetze die Kriminalitätsrate reduzieren. Demokraten beantworten diese Frage traditionell mit Ja, Republikaner mit Nein. Kahan und Kollegen hatten ihren Probanden fiktive Zahlen vorgelegt, die mal für und mal gegen die positive Wirkung von Waffengesetzen sprachen. In diesem Durchlauf des Experiments wichen demokratische und republikanische Probanden, die besonders gut mit Zahlen umgehen konnten, plötzlich deutlich voneinander ab, obwohl beide zuvor nahezu identisch geantwortet hatten. Ihr analytischer Denkstil und ihr mathematisches Talent hatten diesmal keinen positiven Einfluss auf das Antwortverhalten. Im Gegenteil, je analytischer der Denkstil, desto stärker wirkten sich politische Vorurteile aus. Wenn die moralische Identität betroffen ist, nutzen analytische Denker ihre Scharfsinnigkeit also nicht, um die Fakten zu erfassen, sondern eher als besonders scharfes Schwert, um ihr Selbstbild zu verteidigen. Vor allem vor sich selbst.

Evolutionär mag es von Vorteil gewesen sein, im Angesicht von Gegenwehr stoisch an der eigenen Meinung festzuhalten, denn so galt man als standfest, unbeirrbar und selbstsicher.[57] Der Statusvorteil in der Gruppe könnte größer gewesen sein als der Nachteil im Leben, kleineren Irrtümern aufzusitzen.

Echokammern und Filterblasen

Menschen wollen nicht nur, dass ihr eigenes politisches Lager recht hat, sie radikalisieren sich auch innerhalb dieser Gruppe. Diese *Polarisierung* von Meinungen hat der US-Psychologe David G. Myers in den Siebzigerjahren untersucht.[58] Heute ist sie als *Echokammer-Effekt* bekannt. Sobald sich Menschen Lagern wie den »Linken« oder »Konservativen« zuordnen, verschieben sie ihre politischen Überzeugungen von der Mittelposition zu den Rändern, vor allem weil sie in der Echokammer nur die Meinungen der Gesinnungsgenossen hören.

Echokammern gibt es, seit Menschen sich in Gruppen versammeln. Der Mechanismus sorgt für Zusammenhalt und grenzt die eigene Gruppe gegen andere ab. Besonders Männer sind für diese Unterscheidung zwischen Gruppenmitgliedern und Fremden sensibilisiert.[59]

Echokammern werden oft irrtümlicherweise mit *Filterblasen* überblendet, vor denen der amerikanische Internet-Aktivist Eli Pariser gewarnt hat.[60] Unser Klickverhalten auf

Google, Twitter/X oder anderen Seiten kann dazu führen, dass der Algorithmus uns nur noch diejenigen Themen anbietet, die wir hören wollen, und uns so nicht mehr mit abweichenden Meinungen konfrontiert. Wir befinden uns dann in einer Filterblase.

Das kann man inzwischen auch empirisch nachweisen. Wer zwei Google-Profile mit unterschiedlichem Suchverhalten anlegt, wird schon bald bei denselben Suchbefehlen andere Angebote erhalten.[61] Der Algorithmus basiert nun einmal auf unseren Präferenzen. Ob die Algorithmen allerdings so stark sind, in der Filterblase unsere Konsumvorlieben oder gar unsere politischen Präferenzen zu beeinflussen, ist bisher nicht nachgewiesen.[62] Beim Echokammereffekt hingegen sind diese Einflüsse belegt, und zwar innerhalb und außerhalb der digitalen Sphäre.[63]

Gruppenbildungen im Netz erzeugen allerdings auch einen ganz profanen Mengen-Effekt. Wenn zum Beispiel in Urzeiten viele Menschen Fliegenpilze als Nahrungsmittel mieden, konnte man sich normalerweise auf die Schwarmintelligenz verlassen und musste den Pilz nicht selbst probieren. Die große Zahl sprach hier für die Wahrheit. Was in der analogen Kleingruppe rational gewesen sein mag, führt in der digitalen Welt oft zum *Lemming-Effekt*.[64] Wenn viele Leute eine Falschnachricht über eine Massenschlägerei in Schorndorf bei Stuttgart teilen, heißt das nicht, dass sie wahr ist, auch wenn die große Zahl das den Lemmingen suggeriert und sie daran glauben. Die Folge unseres Herdentriebs kann auch *Schwarmdummheit* sein.

Die Polarisierung ist im Zwei-Parteien-System der USA besonders stark ausgeprägt. Fast jeder, der mit den Republikanern nichts anfangen kann, wählt dort notgedrungen die Demokraten. Und umgekehrt. Da es keine nennenswerte Alternative gibt, ist die Nation in zwei Lager gespalten, anders als in Deutschland, wo man inzwischen auf einen bunten Strauß von Kleinparteien ausweichen kann, wenn man eine der beiden ehemals großen Volksparteien nicht überzeugend findet.

In den USA nehmen parteibezogene Vorurteile *(partisan biases)* teilweise bizarre Formen an. Trump und sein Pressesprecher Sean Spicer hatten behauptet, bei Trumps Amtseinführung seien mehr Menschen als bei der von Obama gewesen. Wie schon erwähnt fanden sich bei Obama nach Schätzungen 1,5 Millionen Menschen vor dem Kapitol ein, bei Trump maximal die Hälfte. Schon der Fotovergleich spricht Bände: Menschenmengen bei Obama im Jahre 2009, große leere Flächen bei Trump im Jahr 2017.

Als Wähler der Republikaner die Bilder von der Amtseinführung vergleichen sollten, hielten 41 Prozent der Republikaner Obamas Zeremonie für die von Trump.[65] Selbst als die Zuordnung klar war, bestanden noch 15 Prozent der Republikaner darauf, dass auf dem Bild mit Trump mehr Menschen zu sehen waren als auf dem mit Obama.[66] Diese Haltung wird in den USA manchmal als »blaue Lüge« *(blue lie)* bezeichnet. Blau spielt auf die Uniformen der Polizei in den USA an, bei der offensichtliche Lügen aus extremer Loyalität heraus üblich waren.[67] Ob die Leute wirklich mehr Besucher gesehen haben oder ob sie nur das Ansehen ihres Präsidenten und ihrer Partei verteidigen wollten, geht aus dem Versuch nicht hervor. In jedem Fall handelt es sich um ein typisches Beispiel für Stammesverhalten, das uns für Bullshit anfällig macht.

KAPITEL 5
RESISTENZ

In der digitalen Welt wiederholt sich alles, weil alles beliebig kopierbar ist. Das Nintendo-Spiel *Super Mario Bros.* beispielsweise gab es erst für die Heimkonsole, dann für den Gameboy, danach für PC und schließlich als App für das Smartphone. Früher schickten Leute lustige Tierfotos über ihren E-Mail-Verteiler, jetzt posten sie die Bilder auf Instagram.

Für Fake News und andere Arten von Bullshit gilt dasselbe. Man kann sie vervielfältigen, und daher verbreiten sie sich im Netz wie Viren. Sie vermehren sich exponentiell, mutieren zu neuen Formen, verschwinden nie ganz. Als multiresistente Keime können sie Jahre inaktiv schlummern, bis sie wiederbelebt werden.[1]

Bullshit ist aber noch in einer zweiten Hinsicht wie ein Virus. Fake News säen Zweifel an der Autorität journalistischer und wissenschaftlicher Experten. Dieser Zweifel am »Standard«, an »der Schulmeinung«, der »etablierten Theorie« kann in den Köpfen der Unvorbereiteten aufblühen und zu einer ausgewachsenen Verschwörungstheorie mutieren. Unsere einzige Chance liegt deshalb darin, die Abwehrkräfte zu stärken.

Ein naheliegender Lösungsvorschlag nimmt den Staat in die Pflicht. So erwägen die amerikanischen Rechtswissenschaftler Cass Sunstein und Adrian Vermeule die Möglichkeit, Leute zu Strafzahlungen zu verurteilen, wenn sie Verschwörungstheorien verbreiten. Diese Option verwerfen sie aber und kommen zu dem Schluss, dass es effektiver wäre, verschwörungstheoretische Gruppen »kognitiv zu infiltrieren«, und zwar sowohl online also auch offline, um die Mitglieder behutsam auf den Pfad der Weisheit zurückzuführen. Besonders online dürfte das allerdings schwierig sein, weil Verschwörungstheorien viele Formen annehmen und dezentral verbreitet sind.[2]

Thomas de Maizière hat als Innenminister im Jahr 2017 vorgeschlagen, im Bundespresseamt ein »Abwehrzentrum gegen Desinformation« einzurichten, das Fake News strafrechtlich verfolgt.[3] Dieser Vorschlag wurde zwar nicht umgesetzt, wäre allerdings ebenfalls problematisch gewesen. Die Idee, durch neue Gesetze oder bessere staatliche Kontrolle Bullshit einzudämmen, stößt nämlich auf mindestens drei Probleme.

Erstens auf das Problem der *Legitimation*: Die Meinungsfreiheit ist ein hohes Gut, und die Gesellschaft muss die Grenze zwischen Fakt und Fiktion, zwischen bloßem Irrtum und absichtlicher Lüge, zwischen Pointierung und Propaganda, zwischen Satire und Beleidigung stets aufs Neue aushandeln. Wer entscheidet darüber, ob eine Theorie von einer tatsächlichen Verschwörung handelt oder aber eine herbeiphantasiert? Wer kann sagen, wann genau eine vage Aussage in Fake News umschlägt?[4] Von wenigen klaren Fällen abgesehen ist nicht ersichtlich, dass eine einzelne Institution den Schiedsrichter für die Wahrheit spielen kann oder gar sollte.[5]

Das zweite Problem liegt in der *Gewaltenteilung*. Macht wird oft genug missbraucht. Es ist viel zu gefährlich, die Herrschaft über Informationen in die Hände weniger zu legen. In Demokratien kann diese Kontrollfunktion nur bei der Öffentlichkeit selbst liegen.[6]

Unabhängig davon besteht ohnehin, drittens, das Problem der *Umsetzung*: Ganz gleich, wie viel Kontrolle der Staat über soziale Netze wie Facebook oder Twitter/X ausübt, man kann nie alles überprüfen. Verschwörungstheoretiker, Populisten und Extremisten können, um Menschen zu manipulieren oder für ihre Sache zu gewinnen, jederzeit auf Blogs und private Webseiten ausweichen, auf geschlossene Chats, WhatsApp- und Telegram-Gruppen, Foren und andere halb öffentliche Kanäle, die sich der Kontrolle entziehen.

Zivilgesellschaftliche und journalistische Initiativen sind da vielversprechender. Lüge und Täuschung sind im digitalen Zeitalter zwar verführerisch einfach, aber gute Täuschungen und überzeugende Lügen gestalten sich extrem aufwendig. So gibt es inzwischen viele Werkzeuge und Plattformen, die Fake News aufdecken, auch wenn die Arbeit mühsam und kleinteilig ist. Beispiele sind der Faktenfinder der *Tagesschau* und unabhängige Initiativen wie die medienkritischen Webseiten *Übermedien* oder *Hoaxmap* und *Snopes*, die Verschwörungstheorien, Fake News und Gerüchte sammeln und entlarven.

Mit einem einfachen Werkzeug wie der Rückwärtsbildsuche von Google kann man viele vermeintlich aktuelle Bilder in gefälschten Nachrichten als altes Material enttarnen. Die Technik ist sogar schon weiter. Auf der Webseite *Fake News Challenge* konkurrieren über 70 Teams von

Forschern und Ingenieuren darum, Algorithmen zu entwickeln, die Fake News erkennen können.[7] Auf die Ergebnisse der Programme kann man sich natürlich nicht blind verlassen, aber sie dienen als Entscheidungshilfe, vergleichbar mit Diagnosehilfen für Ärzte, die auf Künstlicher Intelligenz beruhen.

Forscher der kanadischen University of Western Ontario haben schon im Jahr 2016 einen Algorithmus entwickelt, der etwa 90 Prozent der als Nachrichten getarnten Satire erkennt. Damit schlägt das Programm das Personal vieler rechtspopulistischer Parteien in Europa um Längen.[8]

Unabhängig davon leidet jedoch ein Teil der Menschen an *Fakten-Resistenz*. Sie lassen sich nicht einmal durch harte Tatsachen von ihrer Meinung abbringen, auch wenn das, was sie glauben, Bullshit ist. Daher muss man eine langfristige *Bullshit-Resistenz* entwickeln. Das Wissen um unsere Neigung zu kognitiven Irrtümern ist der erste Schritt im Ausgang aus der selbstverschuldeten Anfälligkeit für Bullshit. Der zweite ist, dass man die Irrtümer verhindert.

Kurzfristige Lösungen: Konzentration, gesunder Menschenverstand und Humor

Gegen mentale Faulheit hilft aktive Aufmerksamkeit, mit anderen Worten: Konzentration. Als ich in einem Seminar Kahnemans erwähnte 1,10-Dollar-Frage meinen Studenten vorlegte und sie vorwarnte, dass die Frage schwierig sei, kamen die meisten auf die richtige Antwort, weil sie ihre aktive Aufmerksamkeit eingeschaltet hatten. Die Forschung zeigt, dass Konzentration die Anfälligkeit für Denkfehler erheblich reduziert.[9] Allerdings ist sie, wie gesagt, auch ermüdend. Langfristig muss man daher an seinen kognitiven Fähigkeiten arbeiten.

Ein zweiter, kurzfristiger Schutz gegen Bullshit im Netz ist der gute, alte, gesunde Menschenverstand. Gerade bei der Frage, ob eine Nachricht gefälscht ist, hilft oft eine schlichte Plausibilitätsprüfung. So haben Forscher in Deutschland vor dem Wahlkampf 2017 Versuchspersonen Schlagzeilen mit der Frage vorgelegt, ob es sich dabei um wahre Aussagen handelt.[10] Die Falschnachricht »Margot Käßmann bezeichnete auf dem Kirchentag im Mai alle Deutschen als Nazis« zum Beispiel hielten immerhin noch ein Viertel der AfD-Wähler für wahr. Dabei ist die Nachricht extrem unplausibel: Selbst wenn die ehemalige Landesbischöfin der evangelischen Kirche so etwas denken würde, wäre es äußerst unwahrscheinlich, dass sie es offen verkündet. Kurzes Nachdenken hätte den Irrtum leicht verhindern können.

Eine dritte kurzfristig wirksame Methode gegen Fake News und Verschwörungstheorien ist Humor. Weil Gegendarstellungen oft komplex und anspruchsvoll sind, verbreiten sie sich im Netz nicht so gut wie emotional aufgeladene Falschnachrichten. Wer allerdings eben diese Falschnachrichten ironisiert oder satirisch überspitzt, kann die Aufmerksamkeitslogik gegen die Lügner und Bullshitter ausspielen. Witzige Gegendarstellungen erzeugen oft einen größeren Hype als die Falschnachricht selbst. Ein Beispiel lautete sinngemäß: »Facebook hat seine Nutzungsbedingungen geändert. Um zu widersprechen, musst du ein Video an

Mark Zuckerberg schicken, in dem du nackt in der Küche *I will survive* singst. Das stimmt wirklich. Jemand, den ich kaum kenne, hat es mir gesagt.«[11]

Vernunft ist eine Entscheidung: der Rationalitäts-Quotient

Langfristig gesehen stellt sich für Medien-Nutzer die Frage: Was tun? Der Medienwissenschaftler Bernhard Pörksen sagt, in der »redaktionellen Gesellschaft« bestünde Medienkompetenz darin, dass wir alle Journalisten werden und die entsprechenden Standards gegenüber Informationen verinnerlichen.[12] Der Sozialwissenschaftler Horst Pöttker meint, wir müssten uns selbst zu einer Offenheit gerade gegenüber unliebsamen Themen erziehen und dafür die Methoden der empirischen Sozialwissenschaft lernen.[13] Die amerikanische Naturwissenschaftlerin Priti Shah und ihr kanadischer Kollege Keith Stanovich empfehlen, dass wir Naturwissenschaftler und Statistiker werden, um uns gegen Bullshit im Netz zu schützen.[14] Der Literatur- und Geschichtswissenschaftler Michael Butter sagt, dass wir uns in Quellenkunde verbessern und eine »Geschichtskompetenz« entwickeln müssen.[15]

Jeder schlägt das vor, was er selbst am besten kann. Das klingt nach dem Bestätigungsirrtum. Als Philosoph bin ich geneigt zu sagen: Jeder hat recht, aber nur zum Teil, denn eigentlich müssen wir alle Philosophen werden. Journalismus ist nämlich nur ein Spezialfall des wissenschaftlichen Arbeitens, ebenso Quellenkunde und Statistik.

Manche charakterisieren die Medienkompetenz als »kritisches Denken«, »Skepsis« oder »Irrtumswissenschaft«, aber das sind meist nur alternative Ausdrücke für »vernünftiges Denken«. Und die Vernunft ist ein Hauptthema der Philosophie.

Zugegeben, was die einzelnen Disziplinen unter »Vernunft« verstehen, unterscheidet sich manchmal erheblich.[16] Wem der Ausdruck daher zu groß oder unklar erscheint, der kann ihn, wie Stanovich vorschlägt, auch einfach durch »klares Denken« *(good thinking)* ersetzen.

Wie viele Studien zeigen, ist Bildung nicht nur ein guter Schutz gegen populistische Verführungen, Fremdenfeindlichkeit und antidemokratisches Denken, sondern auch gegen Fake News und Verschwörungstheorien.[17] Bildung allein reicht allerdings zum klaren Denken nicht aus. Das zeigen die vielen Denkfehler, die auch kluge Menschen begehen.

Vernunft ist auch nicht dasselbe wie Intelligenz. Der Intelligenzquotient ist weitgehend angeboren und bleibt im Leben relativ konstant.[18] Bei Intelligenz handelt es sich um unsere pure Rechenleistung, also um die Fähigkeit, die uns beim Problemlösen hilft. Leider schützt sie uns nur bedingt vor Denkfehlern.[19]

Die Fähigkeit, die Vernunft auszubilden, ist ebenfalls angeboren. Doch im Gegensatz zur Intelligenz ist bei der allgemeinen Vernunft mehr Luft nach oben. Wir können sie wie die Sprachfähigkeit ausbauen und verfeinern. Wir können beispielsweise lernen, weniger auf den Bestätigungsirrtum hereinzufallen, so wie wir lernen können, uns mit Worten gewählt auszudrücken. Im Gegensatz zur Intelligenz handelt es sich bei der Vernunft um eine auf Reflexion beruhende, systematisch trainierbare Fähigkeit, die uns vor Denkfehlern schützt.

Stanovich hat daher mit Kollegen einen Test entwickelt, um den *Rationalitäts-Quotienten* zu ermitteln. Vernünftige Entscheidungen haben, etwas vereinfacht gesagt, zwei Dimensionen: auf der einen Achse das notwendige Wissen, auf der anderen die aktive Aufmerksamkeit.

Wer zum Beispiel vernünftig beurteilen will, welche Rolle der Migrationshintergrund für die Kriminalitätsrate spielt, und dabei andere Faktoren wie Alter und Bildungsstand berücksichtigen will, braucht beides: eine gute Ausbildung im probabilistischen Denken und die volle Konzentration. Um hingegen den Zinseszins zu errechnen, muss man zwar Fachwissen in Finanztheorie haben, aber sich nicht sonderlich konzentrieren. Und um nicht auf ein *Framing*, eine täuschende sprachliche Verpackung, hereinzufallen, zum Beispiel wenn der Makler die unrenovierte Bruchbude als »Künstlerwohnung« anpreist, ist wenig Vorwissen erforderlich, aber man muss gut aufpassen.[20]

Die Achse des Wissens, also den erlernbaren Aspekt, nennt Stanovich die *kristalline Vernunft.* Dazu zählt er Wissen in Mathematik, ökonomisches Denken, aber auch eine kritische Haltung gegenüber Pseudowissenschaft, Übersinnlichem und einem unrealistischen Optimismus. Besonders voraussetzungsreich, aber absolut zentral für die kristalline Vernunft ist Statistik. Wie der Psychologe Gerd Gigerenzer und Kollegen gezeigt haben, fällt es uns allen schon schwer, zwischen absolutem und relativem Risiko zu unterscheiden.

Die Schlagzeile »Hai-Angriffe: Doppelt so viele Tote wie 2010« in einer Wochenzeitschrift beispielsweise suggeriert eine große Gefahr am Badestrand.[21] Tatsächlich gab es 2010 weltweit sechs Haiangriffe und 2011 zwölf. Das relative Risiko stieg also tatsächlich um 100 Prozent, die absolute Risikozunahme lag aber nur bei sechs Opfern. Diese und andere statistische Feinheiten muss man lernen zu beurteilen, denn politische Diskussionen über Arbeitslosenzahlen, Terrorgefahr, Diskriminierung oder Drogenmissbrauch sind nur auf Grundlage einer seriösen Interpretation der Daten möglich.

Wer langfristig seinen Rationalitäts-Quotienten verbessern will, muss im Idealfall alle bekannten Typen von Denkfehlern durchgehen und lernen, immer das Gegenteil zu tun. Das bedeutet zum Beispiel: nicht auf Einzelfälle achten, persönlichen Erlebnissen kein Gewicht geben, sich nicht von Bildern oder schönen Formulierungen ablenken lassen und bei allen Thesen nach der Falsifizierbarkeit fragen, also nicht nach Bestätigung, sondern zuerst nach Gegenbeispielen suchen.[22] Wissen und hohe Aufmerksamkeit: Das ist genau das, was den analytischen Denkstil, oder noch allgemeiner, die Vernunft ausmacht.

Nicht auf die Intuition verlassen

Seit vielen Jahren propagiert eine Reihe von Psychologen, wir sollten uns auf unsere Intuition verlassen, auf die »Intelligenz des Bauches«.[23] In einem Zeitalter, in dem ständig nach der kühlen Vernunft verlangt wird, mag das eine Entlastungsfunktion haben: Man muss nicht mehr angestrengt nachdenken, sondern kann seinen Gefühlen folgen. Doch wenn die Intuition wirklich unser Handeln leiten sollte: Warum gibt man Kleinkindern keine geladene Waffe in die Hand? Sie verlassen sich doch ausschließlich auf ihr Bauchgefühl.

Die Intuition umfasst Gefühlsneigungen, erworbene Faustregeln, Instinkte und Automatismen. Unseren Vorfahren hat sie geholfen, in einer feindlichen, vorzivilisatorischen Umwelt zu überleben. Das hat die evolutionäre Psychologie gut belegt. Wer zum Beispiel in Urzeiten Ekel und Angst empfand, wenn er fremde Menschen sah, hat sie gemieden. Dadurch steckte er sich seltener mit neuen Krankheiten an, denn Fremde haben Erreger übertragen, gegen die in der heimischen Gruppe keine Abwehrkräfte bestanden.[24] Außerdem waren die fremden Gruppen oft gewalttätig. In einer archaischen Umwelt hat eine fremdenfeindliche Intuition also Schutz geboten.

An diesem Beispiel sieht man sofort, warum man sich in der modernen Gesellschaft gerade nicht auf das Bauchgefühl verlassen sollte. Was in den frühen Tagen der Menschheit adaptiv war, also das Überleben unserer Spezies befördert hat, ist heute nicht mehr nützlich, sondern führt zu Menschenfeindlichkeit und Rassismus.[25]

Stanovich macht das Bauchgefühl für die großen Übel der Menschheit verantwortlich: für religiösen Fanatismus, die Bankenkrise, Umweltzerstörung, Kreationismus, Impfverweigerung, Übergewicht und gescheiterte Ehen.[26] Diese Liste ist natürlich unvollständig.

Von einem intuitiven zu einem analytischen Denkstil zu wechseln heißt auch, die Komplexität der Welt zu ertragen.

Wir hätten gern für alles eine einfache Erklärung, aber nichts in der Welt ist einfach. Das Universum ist unvorstellbar groß und nur in winzigen Ausschnitten zu begreifen. Daher sollte man sich nicht so sicher sein, dass man alles durchschaut und die Moral auf seiner Seite hat.

Die Autorität der Experten

Auf seinen Irrfahrten im Mittelmeer wollte Odysseus den Sirenen lauschen. Diese gefiederten Fabelwesen lockten mit ihrem betörenden Gesang Seeleute an, um sie zu töten. Odysseus ließ sich von seinen Männern an den Schiffsmast binden, weil er wusste, dass er den Sirenen aus eigener Kraft nicht widerstehen könnte.

In der Psychologie nennt man diese vorausschauende Selbstkontrolle *Odysseus-Prinzip*.[27] Wer erwartet, in der Zukunft willensschwach zu werden, kann das im Voraus verhindern. Wer weiß, dass er durch Online-Werbung manipulierbar ist, kann einen Werbeblocker im Browser installieren. Wer weiß, dass er manchmal beim schnellen Überfliegen der Nachrichten auf Falschmeldungen hereinfällt, kann darauf achten, nur seriöse Nachrichtenkanäle zu abonnieren. Der Internettheoretiker Michael Seemann nennt das *Filtersouveränität*.[28]

Auf Institutionen wie die Wissenschaft oder den TÜV vertrauen wir ebenfalls. Wir sehen sie normalerweise als Sicherungssysteme der Gesellschaft an, weil wir wissen, dass wir in unserem Urteil nicht so gefestigt oder informiert sind wie die Experten.

Dafür muss man aber anerkennen: Wissen ist nicht demokratisch.[29] In einer arbeitsteiligen Wissensgesellschaft haben Experten zu Recht auf ihrem Fachgebiet die Autorität. Der Flugzeugingenieur weiß besser als der Laie, wie das Triebwerk funktioniert, und die Neurologin weiß besser als die Patientin, wie das Nervensystem aufgebaut ist, denn sie hat von Studienbeginn an eine 15-jährige Ausbildung absolviert, bevor sie die Facharztprüfung abgelegt hat. Wer soll sich noch besser auskennen? Jedenfalls nicht ein »Heiler«, der in einem dreimonatigen Kurs die zwölf »Meridiane« des Menschen auf einem vergilbten Rollbild benennen kann.

Ebenso nehmen ausgebildete Journalisten als Zeugen oft eine Expertenstellung ein. Das heißt nicht, dass sie sich nicht irren oder Ereignisse verzerrt darstellen können. Aber wenn wir ihnen mit ihrem Arbeitsethos nicht vertrauen, dann können wir gar keinem Zeugen mehr Glauben schenken.

Die meisten Menschen wehren sich gegen Fake News, weil sie wissen wollen, wie es in der Welt wirklich aussieht, anstatt nur ihre Vorurteile bestätigt zu bekommen. Je höher der Rationalitäts-Quotient, desto besser ist man gegen Manipulation geschützt. Dafür sind Bildung und ein analytischer Denkstil entscheidend. Unsere Vernunft wird also schon im Kindergarten ausgebildet, daher müssen Bildungsinstitutionen kritisches Denken lehren. Um sich in der digitalen Zukunft zurechtzufinden, müssen Schüler nicht ganz dringend Programmieren lernen, sondern zuerst Nachdenken. So zeigen Studien, dass schon ein zweiwöchiger Kurs in Argumentationstheorie Jugendliche wappnet, nicht auf die

Überredungstaktiken anderer Gruppenmitglieder hereinzufallen, die sie zum Rauchen und Trinken überreden wollen.[30]

Diese innere Vorbereitung funktioniert auch gegen Verschwörungstheorien. In einem Experiment hat man Probanden auf die faulen Argumente und Strategien von Leugnern des menschengemachten Klimawandels vorbereitet, zum Beispiel, dass diese gerne anekdotische Einzelbeispiele nennen. Die Probanden ließen sie danach deutlich weniger verwirren und ablenken als die unvorbereitete Vergleichsgruppe.[31] Die Methode gegen viralen Bullshit heißt passenderweise *inoculation*, also *Schutzimpfung*.[32]

Im Idealfall müsste also *Bullshit-Resistenz*, man könnte auch sagen *Philosophie*, ein Unterrichtsfach in Schulen und Universitäten sein.[33] Darin könnte man, statt nur die Geschichte der Philosophie durchzugehen, die *Methoden* der Philosophie lernen: also die Grundwerkzeuge der Wissenschaftstheorie anwenden wie die Interpretation von Statistiken, logisches Schließen, Quellenkunde und Datenbankrecherche und trainieren, kognitive Irrtümer zu erkennen, Worthülsen zu entlarven und gründlich zu argumentieren.[34]

Die Identität kleinhalten

Dem englischen Programmierer Paul Graham war im Jahre 2009 aufgefallen, dass in der Anonymität des Internets Unterhaltungen über Programmiersprachen oder Bankgeschäfte sachlich verlaufen, aber Diskussionen über Religion schnell ausarten. Daraufhin schrieb er einen kleinen Text mit der Empfehlung »Keep Your Identity Small«: Halte deine Identität klein![35] Sich eine Gruppenidentität zu geben kann einen am klaren Denken hindern und so auch an bereichernden Unterhaltungen. Zwar bezieht sich Graham nicht auf die Psychologie des Stammesdenkens, doch seine Intuition wird durch die Forschung bestätigt.

Die Identität kleinzuhalten ist natürlich leicht gesagt für Graham: einen gebildeten, erfolgreichen Mann in einem Industrieland. Angehörige von Minderheiten betonen ihre sogenannten Identitätsmerkmale ja gerade deshalb, weil sie oft genug der Grund für Ausgrenzungen und Herabsetzungen sind, etwa aufgrund der Hautfarbe, des Geschlechts oder der sexuellen Orientierung. Wenn man die Aussage aber vor allem auf moralische, speziell politische Identitäten bezieht, spricht einiges dafür, sich beispielsweise nicht ideologisch »den Linken« oder »den Rechten« zuzuordnen, um einen kühlen Kopf und damit den Überblick zu behalten.

Man kann sich gegen einen allzu großen Konformismus schützen, indem man sich also möglichst einer Gruppenzuordnung entzieht und so seine Identität kleinhält. Ein echter Marxist (Groucho, nicht Karl) lebt ohnehin nach dem Prinzip: »Ich will nicht zu einem Club gehören, der Leute wie mich aufnimmt.«

Die Wahrheit der Demokratie

Ein Großteil der aufgeklärten Gesellschaft wehrt sich gegen Bullshit: gegen Fake News, Verschwörungstheorien, Pseudowissenschaft und den faktenfernen Denkstil in der Politik. Das zeigt, dass wir Unwahrheit als Problem ansehen, oder anders gesagt: dass uns die Wahrheit am Herzen liegt. Gäbe es keinen Unterschied zwischen Tatsachenbehauptungen und Lügen, dann könnten wir nicht mehr über Arbeitslosenzahlen, Wirtschaftswachstum oder die Einkommensverteilung sprechen, geschweige denn über Gerechtigkeit und über Maßnahmen, um die Zustände zu verbessern. Dann gäbe es auch keine Politik mehr.[36]

Kant meinte, Menschen würden aus Willensschwäche oder Faulheit unreflektiert dem folgen, was die Kirche sagt. Man solle aber nicht blind auf andere vertrauen, sondern sich selbst ein Urteil bilden. Doch wie die Forschung zeigt, ist das leichter gesagt als getan. Oft fehlt uns einfach das Handwerkszeug zum vernünftigen Denken. Die Forschung zeigt allerdings auch: Vernunft ist eine Entscheidung. Mit Aristoteles könnte man sagen, dass wir ab einem bestimmten Alter für unsere Dummheit selbst verantwortlich sind.

Kurzfristig bewahrt uns die aktive Aufmerksamkeit davor, allzu schnell auf Bullshit hereinzufallen. Langfristig können wir uns im klaren Denken üben, indem wir kognitive Fehlschlüsse vermeiden. Und wir können lernen, Lagerdenken zu vermeiden und unsere eigene Identität nicht allzu ernst zu nehmen.

Man ahnt es bereits: Das dauert, macht wenig Spaß und ist anstrengend, daher sind Katzenvideos für die Auflockerung zwischendurch unbedingt zu empfehlen. Doch am Ende führt kein Weg daran vorbei: Wir müssen uns selbst besser kennenlernen und an uns arbeiten, um uns besser gegen Unfug zu schützen. Bullshit-Resistenz ist eine Kardinaltugend für das 21. Jahrhundert.

DANK

Für Korrekturen und Ratschläge danke ich Juliane Marie Schreiber, Dagmar Hübl-Busse, Lothar Hübl, Ulla Hohls-Hübl, Hauke Behrendt, Christof Blome, Stefan Börnchen, Thanh Thien Dang, Daniel Eggers, Daniel Friedrich, Louis Kohlmann, David Lanius, Matthias Lohmann, Rainer Wieland und Benedikt Zacher.

Für Literatur- und Quellenhinweise danke ich Michael Butter, Pia Karoline Lamberty, Stephan Lewandowsky und Michael Seemann. Außerdem danke ich Miloš Vec, der mich bei den Römerberggesprächen 2017 in Frankfurt auf die Idee gebracht hat, meinen Vortrag »Die Stunde der Wahrheit« über Populismus und die Psychologie des Bullshits in einen Text zu verwandeln, Wolfram Eilenberger für die Idee, den Text in die Form dieses Essays zu bringen, und Arno Matschiner und Jens Dehning für die Unterstützung bei dieser verbesserten Neuauflage.

ANMERKUNGEN

SCHLECHTE NACHRICHTEN **BULLSHIT IST ÜBERALL**

1 www.sueddeutsche.de/politik/berlin-marzahn-staatsanwalt-angeblich-vergewaltigtes-maedchen-verbrachte-nacht-bei-freund-1.2840429
2 https://de.sputniknews.com/gesellschaft/20160117307158514-berlin-minderjaehrige-vergewaltigt-polizei-tatenlos/
3 www.spiegel.de/politik/deutschland/angebliche-vergewaltigung-in-berlin-demo-vor-dem-kanzleramt-a-1073550.html
4 www.spiegel.de/politik/ausland/steinmeier-kanzelt-lawrow-ab-aerger-um-angebliche-vergewaltigung-a-1074292.html
5 www.nytimes.com/2016/12/05/business/media/comet-ping-pong-pizza-shooting-fake-news-consequences.html?_r=0
6 www.faz.net/aktuell/politik/ausland/brisanter-tweet-an-israel-pakistan-droht-wegen-falschmeldung-indirekt-mit-atomangriff-14592086.html
7 www.bbc.com/news/world-middle-east-19764166
8 Generische Personalpronomina (wie »jeder«), der generische Singular (wie »als Rezipient«) und generische Plural (wie »Steuerzahler«) im grammatischen Maskulinum stehen hier und an allen anderen Stellen des Buches für Frauen, Männer und andere. Das grammatische Geschlecht spiegelt nicht das biologische oder soziale wider.

9 Frankfurt (2006)
10 Howard (2020)
11 www.youtube.com/watch?v=kGsW0yLYao0
12 www.reuters.com/fact-check/greta-thunberg-vegan-grenades-tv-interview-is-deepfake-2023-10-30/
13 https://twitter.com/EtienneKlein/status/1553765864553472003
14 Pinker (2011)
15 Hübl (2024)
16 https://uebermedien.de/49572/wir-muessen-lernen-all-die-unsicherheit-zu-ertragen/; www.leopoldina.org/presse-1/nachrichten/sachlichkeit-in-der-krisensituation/
17 www.berliner-zeitung.de/politik-gesellschaft/offener-brief-wissenschaftler-gegen-diffamierung-fuer-zivilen-diskurs-li.293667
18 Schreiber (2018); www.bbc.co.uk/helpandfeedback/corrections_clarifications/archive-2023
19 Hübl (2024)
20 Lorenz-Spreen (2023)
21 Hendricks/Verstergaard (2018)
22 Kant (1784)
23 Pinker (2018)

KAPITEL 1 TÄUSCHUNG UND LÜGE

1 Name von der Redaktion geändert
2 Ekman (2001), S. 49 f.
3 Barrett (2016)
4 Trivers (2011)
5 Ekman (2001), S. 76 f.
6 Bond Jr./DePaulo (2006)
7 Nickerson (1998)
8 Hall (2010)

9 www.sueddeutsche.de/wirtschaft/abgasaffaere-die-abgasaffaere-ein-debakel-fuer-die-gesamte-autoindustrie-1.2961703

10 Capraro (2018)

11 Serota (2010)

12 Trivers (2011)

13 Snyder/Swann (1978)

14 Sängerlaub (2017)

15 http://edition.cnn.com/2002/WORLD/europe/11/20/prague.bush.nato/

16 Weiner (2007), S. 566 f.

17 www.iraqbodycount.org/analysis/numbers/2011/

18 www.theguardian.com/world/2004/oct/07/usa.iraq1

19 Davidson (1980)

20 Die Sache ist noch komplizierter, wie schon Augustinus und Bernard Bolzano festgestellt haben. Für eine Diskussion siehe Künne (1999)

21 Rogers et al. (2017)

22 Allenby (2018); für eine Analyse von Bildern und Narrativen in Kriegen siehe Schreiber (2018)

23 https://correctiv.org/echtjetzt/artikel/2017/09/04/dieses-bild-wuerde-merkel-am-liebsten-verbieten-lassen/

24 Frankfurt (2006)

25 Atir (2015): Im Original hießen die vermeintlichen Fachwörter »meta-toxins« und »fixed-rate deduction«, die besondere Form der Selbstüberschätzung nennen sie »overclaiming«.

26 Frankfurt (2006), S. 27

27 Cohen (2002)

28 Sokal/Bricmont (1998)

29 Für eine ausführliche Diskussion siehe Sokal/Bricmont (1998), S. 174 f.

30 Cohen (2002)

31 Pennycook (2015): Im Original sprechen die Autoren von »pseudo-profound bullshit receptivity«; der Satz lautet »Hidden meaning transforms unparalleled abstract beauty.«

32 Turpin (2019)

33 Das Original erschien 1986.

34 www.wired.com/2017/02/veles-macedonia-fake-news/

35 www.washingtonpost.com/news/post-politics/wp/2018/03/14/in-fundraising-speech-trump-says-he-made-up-facts-in-meeting-with-justin-trudeau/?noredirect=on&utm_term=.c49490764ad3

36 Kienapfel (2016)

37 Für eine Diskussion siehe Schönke et al. (2014), § 15, Rn. 83

38 Für eine philosophische Diskussion zum Thema »Fake News« siehe Jaster/Lanius (2021)

KAPITEL 2 NICHTS ALS DIE WAHRHEIT

1 Für eine ausführliche Diskussion siehe Künne (2003)

2 Diese Position nennt sich »alethischer Realismus« oder »Wahrheitsrealismus«.

3 Platon: *Theaitet*

4 Aristoteles: *Metaphysik*, IV, 6, 1011b, 23–27

5 Davidson (1984)

6 Davidson (2001), S. 193 f.

7 John Searle: persönliche Kommunikation

8 Aristoteles: *Metaphysik*, IV, 4, 1008b f.

9 Arendt (1963), S. 27

10 Für einen Überblick siehe Sayre-McCord (2017)

11 Pörksen (2018), S. 42

12 https://iopscience.iop.org/article/10.1086/596748

13 Latour (2000)

14 Mündlich im Vortrag

15 Pörksen (2018), S. 41 f. und 191 f.
16 Adler (2017)
17 Loftus (2003)

KAPITEL 3 DIGITALER BULLSHIT

1 www.washingtonpost.com/news/the-fix/wp/2017/01/21/on-day-two-of-his-presidency-trump-wages-war-with-the-media-over-the-size-of-his-inauguration-crowd/?utm_term=.fa80f7f13099; www.nytimes.com/interactive//us/politics/trump-inauguration-crowd.html
2 www.washingtonpost.com/news/fact-checker/wp/2018/01/20/president-trump-made-2140-false-or-misleading-claims-in-his-first-year/?utm_term=.713a83f5f867
3 www.theguardian.com/us-news/2017/jan/22/trump-inauguration-crowd-sean-spicers-claims-versus-the-evidence
4 Es kann sein, dass Conway mit »alternative facts« tatsächlich »Fakten zu einem anderen Thema« meinte, zum Beispiel Zahlen zu Fernsehzuschauern. Trump und Spicer haben aber beide von der Besuchermenge vor Ort gesprochen.
5 Siehe *EU Flash Eurobarometer* 464, S. 10; für eine unabhängige Studie siehe Newman/Fletcher (2017)
6 Sängerlaub (2017)
7 Wickert (1995), S. 111 f.
8 Butter (2018), S. 30; siehe auch Butter (2017)
9 Hendricks/Vestergaard (2018), S. 17
10 www.buzzfeed.com/craigsilverman/viral-fake-election-news-outperformed-real-news-on-facebook?utm_term=.hnoM2DDbVm#.fwGQaXX3bk
11 Im Gegensatz zu Pörksens These, siehe Pörksen (2018), S. 24

12 Vgl. www.nytimes.com/2016/03/31/opinion/campaign-stops/adventures-in-the-trump-twittersphere.html?_r=0

13 Vgl. Mounk (2018); Pörksen nennt dieses Phänomen »die redaktionelle Gesellschaft«, in Pörksen (2018), S. 22

14 Für eine ausführliche Diskussion siehe Hübl (2019)

15 Hansson (1996); Bunge (1982) Shermer (1997)

16 Mukerji/Ernst (2022); Goldacre (2007); Ernst (2002)

17 Keil/Kellerhoff (2017), 90 f.

18 Gelfert (2018)

19 Ob man die Möglichkeit wahrer Fake News zulassen soll, ist in der aktuellen Diskussion umstritten. Wenn man Fake News als Sonderfall einer Lüge ansieht, ist diese Möglichkeit naheliegend. Ich schließe wahre Fake News aus. Da es sich bei »Fake News« allerdings um ein Quasi-Fachwort handelt, bleibt es ohnehin eine Frage der Festlegung. Für eine Diskussion siehe Jaster/Lanius (2021)

20 Die Programme waren *Adobe After Effects* und *FakeApp.*

21 www.theverge.com/tldr/2018/4/17/17247334/ai-fake-news-video-barack-obama-jordan-peele-buzzfeed

22 Suwajanakorn (2017)

23 Baumeister (2000)

24 Hendricks/Vestergaard (2018), S. 31 f.

25 Humprecht/Esser (2017); siehe auch Benkler (2017)

26 Hendricks/Vestergaard (2018)

27 Ich habe diesen Begriff in Vorträgen verwendet. Michael Seemann hat mich darauf aufmerksam gemacht, dass eine ähnliche Idee bei Twitter/X gepostet wurde: https://twitter.com/salimismail/status/514558516703809537; www.tagesanzeiger.ch/warum-es-leichter-ist-corona-leugner-zu-sein-als-corona-leugner-zu-widerlegen-423039162896; siehe auch Zollo et al. (2017)

28 Mocanu et al. (2015); Friggeri et al. (2014); Allcott/Gentzkow (2017); Del Vicario (2016)
29 Hendricks/Vestergaard (2017); siehe auch Hansen (2013)
30 https://www1.wdr.de/unternehmen/der-wdr/unternehmen/studie-glaubwuerdigkeit-100.html
31 www.tagesschau.de/inland/gesellschaft/vertrauen-glaubwuerdigkeit-medien-100.html
32 Nur 32 Prozent der US-Amerikaner vertrauen den Medien: http://news.gallup.com/poll/195542/americans-trust-mass-media-sinks-new-low.aspx

KAPITEL 4 DIE PSYCHOLOGIE DES BULLSHITS

1 www.spiegel.de/netzwelt/web/zum-tode-von-joseph-weizenbaum-der-kritiker-geht-die-kritik-bleibt-bestehen-a-540088.html
2 Fodor (1986), S. 1
3 www.theguardian.com/books/2001/mar/17/features.weekend
4 Butter (2018); Barkun (2013)
5 Imhoff (2015)
6 Kant (1781/1787)
7 Boyer (2001), Hübl (2020)
8 Barrett (2000)
9 Bartoschek (2015); für einen Überblick siehe Brotherton (2017)
10 Roose (2020)
11 Wood (2012)
12 Mocanu (2015)
13 Bruder (2013)
14 Entwickelt von Max Horkheimer, Erich Fromm und Theodor W. Adorno; siehe Adorno (1950)
15 Bruder (2013), S 10

16 www.vox.com/world/2017/5/19/15561842/trump-russia-louise-mensch; siehe auch Miller et al. (2016)

17 Van Prooijen (2015), Van Prooijen/Jostmann (2013)

18 Lewandowsky (2013)

19 Goertzel (1994)

20 Graeupner/Coman (2016)

21 Grzesiak-Feldman (2013)

22 Whitson/Galinsky (2008)

23 Imhoff/Lamberty (2017)

24 Imhoff/Bruder (2014)

25 Fiske (2002)

26 Oreskes/Conway (2010), S. 6 f.; siehe auch Gorman/Gorman (2017), S. 38 f.

27 US Department of Health Report 2014: The Health Consequences of Smoking - 50 Years of Progress (www.surgeongeneral.gov/library/reports/50-years-of-progress/full-report.pdf)

28 Reverby (2009)

29 Gorman/Gorman (2017)

30 Grimes (2016)

31 https://web.archive.org/web/20130731051046/; www.theguardian.com/world/2013/jun/09/edward-snowden-nsa-whistleblower-surveillance

32 Stephan Lewandowsky: persönliche Kommunikation

33 Kahneman (2011)

34 Stanovich (2021)

35 Theorien sollten idealerweise falsifizierbar sein, auch wenn historisch nicht alle dieses Kriterium erfüllt haben mögen. Für eine kritische Diskussion seiner eigenen Position siehe Popper (2002)

36 Johnson/Seifert (1994); siehe auch Pluviano et al. (2017)

37 Schacter et al. (1984)

38 Peter/Koch (2015); Zollo et al. (2017)

39 Dechêne et al. (2010); dieser Effekt ist ein Spezialfall des *Vertrautheitseffekts (mere-exposure effect)*, siehe Zajonc (2011)
40 http://publicmind.fdu.edu/2015/false/
41 https://owenshen24.github.io/charting-death/
42 www.spiegel.de/panorama/unfaelle-im-haushalt-fast-10-000-menschen-sterben-jedes-jahr-a-1133212.html; www.spiegel.de/auto/aktuell/deutschland-780-000-verkehrstote-seit-1950-31-millionen-verletzte-a-1183544.html; https://correctiv.org/faktencheck/2020/03/12/islamistischer-und-rechter-terror-in-deutschland-irrefuehrender-vergleich-der-todeszahlen/
43 www.faz.net/aktuell/politik/inland/neue-studie-deutsche-ueberschaetzen-anteil-muslimischer-bevoelkerung-enorm-14573677.html
44 Berger (2011)
45 Rodriguez et al. (2016)
46 Hübl (2019)
47 Festinger (1957)
48 Mele (1997)
49 Freud (1923)
50 Strohminger/Nichols (2014)
51 Lord et al. (1979)
52 Nyhan/Reifler (2010)
53 Braman et al. (2007); für einen Überblick siehe Lewandowsky/Oberauer (2016)
54 Haidt (2012), S. 187
55 Westen (2006)
56 Kahan et al. (2017)
57 Kaplan et al. (2016)
58 Unter dem Schlagwort »group polarization«, siehe Myers/Lamm (1975) und Myers (1982)
59 Haidt (2012), S. 161 f.
60 Pariser (2011)

61 Feuz et al. (211)
62 Bakshy et al. (2015); für eine Diskussion der Manipulierbarkeit durch Algorithmen siehe auch Hübl (2018)
63 Del Vicario (2016)
64 Hendricks/Vestergaard (2018), S. 124
65 www.washingtonpost.com/news/monkey-cage/wp/2017/01/25/we-asked-people-which-inauguration-crowd-was-bigger-heres-what-they-said/?utm_term=.2ee270ad8ecf
66 Schaffner/ Luks (2018)
67 Barnes (1994)

KAPITEL 5 RESISTENZ

1 Friggeri et al. (2014)
2 Sunstein/Vermeule (2009)
3 www.zeit.de/2017/26/soziale-netzwerke-politiker-fake-news?print; www.faz.net/aktuell/politik/inland/kein-zentrum-gegen-desinformationen-im-bundespresseamt-14652042.html
4 Siehe dazu auch Danah Boyd (www.wired.com/2017/03/google-and-facebook-cant-just-make-fake-news-disappear/)
5 Allcott/Gentzkow (2017), S. 233
6 Habermas (1992)
7 www.fakenewschallenge.org/
8 Rubin et al. (2016)
9 Kahneman (2011)
10 Sängerlaub (2017)
11 Friggeri et al. (2014)
12 Pörksen (2018), 186 f.; siehe auch www.theguardian.com/media/2016/jul/12/how-technology-disrupted-the-truth
13 Pöttker (2007), S. 22
14 Shah et al. (2017) und Stanovich (2010)

15 Butter (2018), S. 229 f.
16 Hurley/Nudds (2006)
17 Zick et al. (2023), S. 78 f.
18 Johnson (2009); Polderman et al. (2015)
19 Stanovich et al. (2016)
20 Tversky et al. (1981)
21 Bauer/Gigerenzer/Krämer (2014), S. 18 f.
22 Vgl. Shah et al. (2017)
23 Für eine ausführliche Kritik siehe Hübl (2015)
24 Schaller/Park (2011)
25 Faulkner (2004)
26 Stanovich (2010), S. 46
27 Elster (2000)
28 Seemann sagt: »Positive Filtersouveränität ist die Fähigkeit, sich mittels digitaler Werkzeuge Informationsquellen selbstbestimmt zusammenstellen zu können. Negative Filtersouveränität hingegen ist, sich aktiv gegen bestimmte Informationsquellen abschirmen zu können; etwa durch Nichtfolgen von Feeds oder dem Blockieren von unliebsamen Nutzer/innen.« (https://www.ctrl-verlust.net/breitbart-alt-right-filterbubble/#fn-2135-3); mehr in Seemann (2014)
29 Vgl. Grundmann (2018)
30 Godbold/Pfau (2000)
31 Van der Linden et al. (2017)
32 Die Methode funktioniert nicht in jedem Fall, für einen Überblick siehe Van der Linden (2023).
33 Die Notwendigkeit beschreiben Kahne/Bowyer (2017).
34 Kuhn/Crowell (2011)
35 www.paulgraham.com/identity.html#f1n
36 Diesen Punkt machen auch Hendricks/Vestergaard (2017), S. 9.

LITERATUR

Adler, Jonathan (2017) »Epistemological Problems of Testimony.« In: Zalta, Edward N. (Hg.) (2017) *The Stanford Encyclopedia of Philosophy* (Winter 2017 Edition)

Adorno, Theodor W. et al. (1950) *The Authoritarian Personality*. Harper & Brothers: New York

Allcott, Hunt und Gentzkow, Matthew (2017) »Social Media and Fake News in the 2016 Election« *Journal of Economic Perspectives* 31, 2: 211-236

Allenby, Braden R. (2018) »The Age of Weaponized Narrative« *Issues in Science and Technology,* June 1, 2017

Arendt, Hannah (1963) *Wahrheit und Politik,* zitiert nach: Wagenbach, Klaus (Hg.) (2006) *Hannah Arendt und Patrizia Nanz über Wahrheit und Politik*. Berlin: Wagenbach

Aristoteles: *Metaphysik*

Atir, Stav et al. (2015) »When Knowledge Knows No Bounds: Self-Perceived Expertise Predicts Claims of Impossible Knowledge« *Psychological Science* 26, 8: 1295-1303

Bakshy, Eytan et al. (2015) »Exposure to Ideologically Diverse news and Opinion on Facebook« *Science* 348, 6239: 1130-1132

Barkun, Michael (Hg.) (2013) *A Culture of Conspiracy*. Berkeley: University of California Press

Barnes, John A. (1994) *A Pack of Lies. Towards a Sociology of Lying*. Cambridge: Cambridge University Press

Barrett, Justin L. (2000) »Exploring the Natural Foundations of Religion« *Trends in Cognitive Sciences* 4, 1: 29-34

Barrett, Neil et al. (2016) »The Brain Adapts to Dishonesty« *Nature Neuroscience* 19: 1727-1732

Bartoschek, Sebastian (2015) *Bekanntheit von und Zustimmung zu Verschwörungstheorien*. Hannover: JMB Verlag

Bauer, Thomas, Gigerenzer, Gerd und Krämer, Walter (2014) *Warum dick nicht doof macht und Genmais nicht tötet. Risiken und Nebenwirkungen der Unstatistik*. München: Goldmann

Baumeister, Roy F. et al. (2000) »Ego Depletion: A Resource Model of Volition, Self-Regulation, and Controlled Processing« *Social Cognition* 18, 2: 130-150

Benkler, Yochai, et al. (2017) »Study: Breitbart-led Right-wing Media Ecosystem Altered Broader Media Agenda« *Columbia Journalism Review* (March 3, 2017)

Berger, Jonah (2011) »Arousal Increases Social Transmission of Information« *Psychological Science* 22, 7: 891-893

Bond Jr., Charles F. und DePaulo, Bella M. (2006) »Accuracy of Deception Judgments« *Personality and Social Psychology Review* 10, 3: 214-234

Boyer, Pascal (2001) *Religion Explained. The Evolutionary Origins of Religious Thoughts*. New York: Basic Books

Braman, Donald et al. (2007) »The Second National Risk and Culture Study: Making Sense of - and Making Progress In - The American Culture War of Fact« *GW Law Faculty Publications & Other Works*, Paper 211

Brotherton, Rob (2017) *Suspicious Minds*. London: Bloomsbury UK

Bruder, Martin et al. (2013) »Measuring Individual Differences in Generic Beliefs in Conspiracy Theories Across Cultures: Conspiracy Mentality Questionnaire« *Frontiers in Psychology* 4: 1-14

Bunge, Mario (1982) »Demarcating Science from Pseudoscience« *Fundamenta Scientiae* 3: 369-388

Butter, Michael (2017) »Dunkle Komplotte: Zur Geschichte und Funktion von Verschwörungstheorien« *Politikum* 3: 4-14

Butter, Michael (2018) *»Nichts ist, wie es scheint.« Über Verschwörungstheorien*. Frankfurt am Main: Suhrkamp

Capraro, Capraro, V. (2018) »Gender Differences in Lying in Sender-receiver Games: A Meta-analysis« *Judgment and Decision Making* 13, 4: 345-355

Cohen, Gerald A. (2002) »Deeper into Bullshit.« In: Buss, Sarah und Overton, Lee (Hg.) *Contours of Agency: Themes from the Philosophy of Harry Frankfurt*. Cambridge (MA): MIT Press: 321-339

Davidson, Donald (1980) *Essays on Actions and Events*. Oxford: Oxford University Pres

Davidson, Donald (1984) *Inquiries into Truth and Interpretation*. Oxford: Oxford University Press

Davidson, Donald (2001) *Subjective, Intersubjective, Objective*. Oxford: Oxford University Press

Dechêne, Alice et al. (2010) »The Truth About the Truth: A Meta-Analytic Review of the Truth Effect« *Personality and Social Psychology Review* 14, 2: 238-257

Del Vicario, Michela et al. (2016) »The Spreading of Misinformation Online« *Proceedings of the National Academy of Sciences* 113: 554-559

Ekman, Paul (2001) *Telling Lies. Clues to Deceit in the Marketplace, Politics and Marriage*. New York: W. W. Norton & Company

Elster, Jon (2000) *Ulysses Unbound: Studies in Rationality, Precommitment, and Constraints*. Cambridge: Cambridge University Press

Ernst, Edzard (2002) »A Systematic Review of Systematic Reviews of Homeopathy« *British Journal of Clinical Pharmacology* 54.6: 577-582

Faulkner, Jason et al. (2004) »Evolved Disease-Avoidance Mechanisms and Contemporary Xenophobic Attitudes« *Group Processes and Intergroup Relations* 7, 4: 333-353

Festinger, Leon (1957) *A Theory of Cognitive Dissonance*. Palo Alto: Stanford University Press

Feuz, Martin et al. (2011) »Personal Web Searching in the Age of Semantic Capitalism: Diagnosing the Mechanisms of Personalisation« *First Monday* 16, 2-7

Fiske, Susan T. et al. (2002) »A Model of (Often Mixed) Stereotype Content: Competence and Warmth Respectively Follow from Status and Competition« *Journal of Personality and Social Psychology* 82: 878-902

Fodor, Jerry A. (1986) »Banish Discontent.« In: Jeremy Butterfield (Hg.) *Language, Mind, and Logic*. Cambridge: Cambridge University Press

Frankfurt, Harry G. (2006) *Bullshit*. Frankfurt am Main: Suhrkamp

Freud, Sigmund (1923) *Das Ich und das Es*. Frankfurt am Main: S. Fischer (zitiert nach der Studienausgabe)

Friggeri, Adrien et al. (2014) »Rumor Cascades« *Proceedings of the Eighth International AAAI Conference on Weblogs and Social Media*

Gelfert, Axel (2018) »Fake News: A Definition« *Informal Logic* 38, 1: 84-117

Godbold, Linda C. und Pfau, Michael (2000) »Conferring Resistance to Peer Pressure among Adolescents« *Communication Research* 27, 4: 411-437

Goertzel, Ted (1994) »Belief in Conspiracy Theories« *Political Psychology* 15, 4: 731-742

Goldacre, Ben (2007) »Benefits and Risks of Homoeopathy« *The Lancet* 370.9600: 1672-1673

Gorman, Sara E. und Gorman, Jack (2017) *Denying to the Grave. Why We Ignore the Facts that Will Save Us*. Oxford: Oxford University Press

Graeupner, Damaris und Coman, Alin (2016) »The Dark Side of Meaning-making: How Social Exclusion Leads to Superstitious Thinking« *Journal of Experimental Social Psychology* 69: 218-222

Grimes, David Robert (2016) »On the Viability of Conspiratorial Beliefs« *PLoS one* 11, 1: 1-17

Grundmann, Thomas (2018) »Der Weg der Wahrheitsfindung.« In: *Bildungsklick* (https://bildungsklick.de/hochschule-und-forschung/meldung/der-weg-der-wahrheitsfindung/)

Grzesiak-Feldman, Monika (2013) »The Effect of High-

Anxiety Situations on Conspiracy Thinking« *Current Psychology* 32, 1: 100-118

Habermas, Jürgen (1992) *Faktizität und Geltung. Beiträge zur Diskurstheorie des Rechts und des demokratischen Rechtsstaats*. Frankfurt am Main: Suhrkamp

Haidt, Jonathan (2012) *The Righteous Mind. Why Good People are Divided by Politics and Religion*. New York: Penguin

Hall, Jeffrey et al. (2010) »Strategic Misrepresentation in Online Dating: The Effects of Gender, Self-monitoring, and Personality Traits« *Journal of Social and Personal Relationships* 27, 1: 117-135

Hansen, Pelle G. et al. (2013) »Infostorms« *Metaphilosophy* 44, 3: 301-326

Hansson, Sven Ove (1996) »Defining Pseudoscience« *Philosophia Naturalis* 33: 169-176.

Hendricks, Vincent F. und Verstergaard, Mads (2018) *Postfaktisch. Die neue Wirklichkeit in Zeiten von Bullshit, Fake News und Verschwörungstheorien*. München: Blessing

Hendricks, Vincent F. und Vestergaard, Mads (2017) »Verlorene Wirklichkeit. An der Schwelle zur postfaktischen Demokratie« *Aus Politik und Zeitgeschichte: Wahrheit*, 67. Jahrgang 13/2017

Howard, Philip N. (2020) *Lie Machines: How to Save Democracy from Troll Armies, Deceitful Robots, Junk News Operations, and Political Operatives*. New Haven: Yale University Press

Hübl, Philipp (2015) *Der Untergrund des Denkens. Eine Philosophie des Unbewussten*. Reinbek: Rowohlt

Hübl, Philipp (2018) »Nicht Facebook hat Trump zum Präsidenten gemacht« *ZEIT online* (29. März 2018)

Hübl, Philipp (2019) *Die aufgeregte Gesellschaft. Wie Emotionen unsere Moral prägen und die Polarisierung verstärken.* München: C. Bertelsmann

Hübl, Philipp (2020) »How Conspiracy Theorists Get the Scientific Method Wrong« *Elephant in the Lab, Alexander von Humboldt Institute Berlin*

Hübl, Philipp (2024) *Moralspektakel. Wie die richtige Haltung zum Statussymbol wurde und warum das die Welt nicht besser macht.* München: Siedler

Humprecht, Edda und Esser, Frank (2017) »Diversity in Online News: On the Importance of Ownership Types and Media System Types« *Journalism Studies* (online): 1-23

Hurley, Susan und Nudds, Matthew (2006) *Rational Animals.* Oxford: Oxford University Press

Imhoff, Roland (2015) »Beyond (Right-wing) Authoritarianism. Conspiracy Mentality as an Incremental Predictor of Prejudice.« In: Bliewicz, Alexandra et al. (2015) *The Psychology of Conspiracy*. London: Routledge, S. 122-143

Imhoff, Roland und Bruder, Martin (2014) »Speaking (Un-) truth to Power: Conspiracy Mentality as a Generalised Political Attitude« *European Journal of Personality* 28: 25-43

Imhoff, Roland und Lamberty, Pia Karoline (2017) »Too Special to be Duped: Need for Uniqueness Motivates Conspiracy Beliefs« *European Journal of Social Psychology* 47: 724-734

Jaster, Romy and Lanius, David (2021) »Speaking of Fake

News. The Epistemology of Fake News.« In: Bernecker, Sven et al. (2021) *The Epistemology of Fake News*. Oxford: Oxford University Press

Johnson, Hollyn M. und Seifert, Colleen. M. (1994) »Sources of the Continued Influence Effect: When Misinformation in Memory Affects Later Inferences« *Journal of Experimental Psychology: Learning, Memory, and Cognition* 20: 1420-1436

Johnson, Wendy et al. (2009) »Beyond Heritability. Twin Studies in Behavioral Research« *Current Directions in Psychology Science* 18, 4: 217-220

Kahan, Dan M. et al (2017) »Motivated Numeracy and Enlightened Self-government« *Behavioural Public Policy* 1, 1: 54-86

Kahne, Joseph und Bowyer, Benjamin (2017) »Educating for Democracy in a Partisan Age: Confronting the Challenges of Motivated Reasoning and Misinformation« *American Educational Research Journal* 54, 1: 3-34

Kahneman, Daniel (2011) *Thinking: Fast and Slow*. London: Allen Lane

Kant, Immanuel (1781/1787) *Kritik der reinen Vernunft*

Kant, Immanuel (1784) »Beantwortung der Frage: Was ist Aufklärung?« *Berlinische Monatsschrift,* Heft 12: 481-494

Kaplan, Jonas T. et al. (2016) »Neural Correlates of Maintaining One's Political Beliefs in the Face of Counterevidence« *Scientific Reports* 6

Keil, Lars-Broder und Kellerhoff, Sven Felix (2017) *Fake News machen Geschichte. Gerüchte und Falschmeldungen im 20. und 21. Jahrhundert*. Berlin: Ch. Links Verlag

Kuhn, Deanna und Crowell, Amanda (2011) »Dialogic

Argumentation as a Vehicle for Developing Young Adolescents' Thinking« *Psychological Science*, 22,5: 545-552

Künne, Wolfgang (1999) »Über Lug und Trug.« In: Edgar Morscher (Hg.) (1999) *Bernard Bolzanos geistiges Erbe für das 21. Jahrhundert: Beiträge zum Bolzano-Symposium der Österreichischen Forschungsgemeinschaft im Dezember 1998 in Wien.* Sankt Augustin: Academia-Verlag

Künne, Wolfgang (2003) *Conceptions of Truth*. Oxford: Oxford University Press

Latour, Bruno (2000) »On the Partial Existence of Existing and Non-existing Objects.« In: Daston, Lorraine (Hg.) (2000) *Biographies of Scientific Objects*. Chicago: Chicago University Press, 247-269

Lewandowsky, Stephan (2013) »NASA Faked the Moon Landing—Therefore, (Climate) Science Is a Hoax. An Anatomy of the Motivated Rejection of Science« *Psychological Science* 24, 5: 622-633

Lewandowsky, Stephan und Oberauer, Klaus (2016) »Motivated Rejection of Science« *Current Directions in Psychological Science* 25, 4: 217-222

Loftus, Elisabeth (2003) »Our Changeable Memories: Legal and Practical Implications« *Nature Reviews Neuroscience* 4: 231-234

Lord, Charles et al. (1979) »Biased Assimilation and Attitude Polarization« *Journal of Personality and Social Psychology* 37, 11: 2098-2109

Lorenz-Spreen, Philipp et al. (2023) »A Systematic Review of Worldwide Causal and Correlational Evidence on

Digital Media and Democracy« *Nature Human Behaviour* 7, 1: 74-101
Mele, Alfred (1997) »Real Self-deception« *Behavioral and Brain Sciences* 20, 1: 91-136
Mocanu, Delia et al. (2015) »Collective Attention in the Age of (Mis)information« *Computers in Human Behavior* 51, B: 1198-1204
Mounk, Yascha (2018) *Der Zerfall der Demokratie. Wie der Populismus den Rechtsstaat bedroht*. München: Droemer
Mukerji, Nikil und Ernst, Edzard (2022) »Why Homoeopathy is Pseudoscience« *Synthese* 200.5: 394
Myers, David G. (1982) »Polarizing Effect of Social Interaction.« In: Brandstätter, Hermann et al. (Hg.) (1982) *Group Decision Making*. London: Academic Press
Myers, David G. und Lamm, Helmut (1975) »The Polarizing Effect of Group Discussion« *American Scientist*, 63, 3: 297-303
Newman, Nic und Fletcher, Richard (2017) *Bias, Bullshit and Lies*. Oxford: Reuters Institute of Journalism, University of Oxford
Nickerson, Raymond S. (1998) »Confirmation Bias: A Ubiquitous Phenomenon in Many Guises« *Review of General Psychology* 2, 2: 175-220
Nyhan, Brendan und Reifler, Jason (2010) »When Corrections Fail: The Persistence of Political Misperceptions« *Political Behavior* 32.2: 303-330
Oreskes, Naomi und Conway, Erik M. (2010) *Merchants of Doubt. How a Handful Scientists Obscured the Truth Issues from Tobacco Smoke to Global Warming*. New York: Bloomsbury Press

Pariser, Eli (2011) *The Filter Bubble: What the Internet Is Hiding from You*. New York: Penguin Press

Pennycook, Gordon (2015) »On the Reception and Detection of Pseudo-profound Bullshit« *Judgment and Decision Making* 10, 6: 549-563

Peter, Christina und Koch, Thomas (2015) »When Debunking Scientific Myths Fails (and When It Does Not). The Backfire Effect in the Context of Journalistic Coverage and Immediate Judgments as Prevention Strategy« *Science Communication* Volume 38 1: 3-25

Pinker, Steven (2011) *The Better Angels of our Nature. The Decline of Violence in History and Its Causes*. New York: Allen Lane

Pinker, Steven (2018) *Enlightenment Now: The Case for Reason, Science, Humanism and Progress*. New York: Viking

Platon: *Theaitet*

Pluviano Sara et al. (2017) »Misinformation Lingers in Memory: Failure of Three Pro-vaccination Strategies« *PLoS one* 12, 7: 1-15

Polderman, Tinca J. et al. (2015) »Meta-analysis of the Heritability of Human Traits Based on Fifty Years of Twin Studies« *Nature Genetics*, 47, 7: 702-709

Popper, Karl R. (2002) *Conjectures and Refutations: The Growth of Scientific Knowledge*. Routledge: London

Pörksen, Bernhard (2018) *Die große Gereiztheit. Wege aus der kollektiven Erregung*. München: Hanser

Pöttker, Horst (2007) »Recherche - chronisches Defizit des Journalismus Die INA bemüht sich um Ausgleich.« In: Pöttker, Horst und Schulzki-Haddouti, Christiane

(2007) *Vergessen? Verschwiegen? Verdrängt? 10 Jahre »Initiative Nachrichtenaufklärung«*

Reverby, Susan M., (2009) *Examining Tuskegee: The Infamous Syphilis Study and its Legacy.* Chapel Hill: University of North Carolina Press

Rodriguez, Fernando et al. (2016) »Examining the Influence of Anecdotal Stories and the Interplay of Individual Differences on Reasoning« *Thinking and Reasoning* 22: 274–296

Rogers, Todd et al. (2017) »Artful Paltering: The Risks and Rewards of Using Truthful Statements to Mislead Others« *Journal of Personality and Social Psychology* 112, 3: 456–473

Roose, Jochen (2020) *Sie sind überall. Eine repräsentative Studie zu Verschwörungstheorien.* Berlin: Konrad-Adenauer-Stiftung.

Rubin, Victoria R. et al. (2016) »Fake News or Truth? Using Satirical Cues to Detect Potentially Misleading News« *Proceedings of the Workshop on Computational Approaches to Deception Detection at the 15th Annual Conference of the North American Chapter of the Association for Computational Linguistics: Human Language Technologies* (NAACL-CADD2016), San Diego, California

Sängerlaub, Alexander (2017) *Verzerrte Realitäten. Die Wahrnehmung von »Fake News« im Schatten der USA und der Bundestagswahl.* Berlin: Stiftung Neue Verantwortung e. V.

Sayre-McCord, Geoff (2017) »Moral Realism.« In: Zalta, Edward N. (2017) *The Stanford Encyclopedia of Philosophy* (Fall 2017 Edition)

Schacter, Daniel L. et al. (1984) »Retrieval Without

Recollection: an Experimental Analysis of Source Amnesia« *Journal of Verbal Learning and Verbal Behavior* 23, 5: 593-611

Schaffner, Brian F. und Luks, Samantha (2018) »Misinformation or Expressive Responding?: What an Inauguration Crowd Can Tell Us about the source of Political Misinformation in Surveys« *Public Opinion Quarterly* 82, 1, 6: 135-147

Schaller, Mark und Park, Justin H. (2011) »The Behavioral Immune System (And Why it Matters)« *Current Directions in Psychological Science* 20: 99-103

Schönke, Adolf et al. (2014) *Strafgesetzbuch. Kommentar* (29. Auflage). München: Beck

Schreiber, Juliane Marie (2018) *Bilder als Waffen: Die ikonische Ästhetisierung der neuen Kriege*. Marburg: Tectum

Seemann, Michael (2014) *Das neue Spiel. Strategien für die Welt nach dem digitalen Kontrollverlust*. Berlin: Orange-Press

Serota, Kim B. et al. (2010) »The Prevalence of Lying in America: Three Studies of Self-Reported Lies« *Human Communication Research* 36, 1, 1: 2-25

Shah, Priti et al. (2017) »What Makes Everyday Scientific Reasoning So Challenging?« *Psychology of Learning and Motivation* 66, 7

Shermer, Michael (1997) *Why People Believe Weird Things. Pseudoscience, Superstition, and Other Confusions of Our Time*. New York: Holt McDougal

Snyder, Mark und Swann William B. (1978) »Hypothesis-Testing Processes in Social Interaction« *Journal of Personality and Social Psychology* 36: 1202-1212

Sokal, Alan und Bricmont, Jean (1998) *Eleganter Unsinn.*

Wie die Denker der Postmoderne die Wissenschaften mißbrauchen. München: dtv
Stanovich, Keith E. (2010) *Decision Making and Rationality in the Modern World.* Oxford: Oxford University Press
Stanovich, Keith E. (2021). *The Bias that Divides Us: The Science and Politics of Myside Thinking.* Cambridge (MA): MIT Press
Stanovich, Keith et al. (2016) *The Rationality Quotient. Toward a Test of Rational Thinking.* Cambridge (MA): MIT Press
Strohminger, Nina und Nichols, Shaun (2014) »The Essential Moral Self« *Cognition* 131: 159–171
Sunstein, Cass R. und Vermeule, Adrian (2009) »Conspiracy Theories: Causes and Cures« *Journal of Political Philosophy* 17: 202–227
Suwajanakorn, Supasorn et al. (2017) »Synthesizing Obama: Learning Lip Sync from Audio« *ACM Transactions on Graphics* 36, 4, 95
Trivers, Robert (2011) *The Folly of Fools. The Logic of Deceit and Self-Deception in Human Life.* New York: Basic Books
Turpin, Martin H. et al. (2019) »Bullshit Makes the Art Grow Profounder« *Judgment and Decision Making* 14, 6: 658–670
Tversky, Amos et al. (1981) »The Framing of Decisions and the Psychology of Choice« *Science* 211, 4481: 453–458
Van der Linden, Sander (2023) *Foolproof: Why We Fall for Misinformation and How to Build Immunity.* London: Fourth Estate
Van der Linden, Sander et al. (2017) »Inoculating the Public against Misinformation about Climate Change« *Global Challenges* 1, 2, 1 600 008

Van Prooijen, Jan-Willem et al. (2015) »Political Extremism Predicts Belief in Conspiracy Theories« *Social Psychological and Personality Science* 3: 767-773

Van Prooijen, Jan-Willem und Jostmann, Nils B. (2013) »Belief in Conspiracy Theories: The Influence of Uncertainty and Perceived Morality« *European Journal of Social Psychology* 43: 109-115

Weiner, Tim (2007) *Legacy of Ashes: The History of the CIA*. New York: Anchor Books

Westen, Drew et al. (2006) »Neural Bases of Motivated Reasoning: An fMRI Study of Emotional Constraints on Partisan Political Judgment in the 2004 U.S. Presidential Election« *Journal of Cognitive Neuroscience* 18, 11: 1947-1958

Whitson, Jennifer A. und Galinsky, Adam D. (2008) »Lacking Control Increases Illusory Pattern Perception« *Science* 322, 5898: 115-117

Wickert, Johannes (1995) *Isaac Newton*. Reinbek: Rowohlt (zitiert nach der 2. Auflage 2001)

Wood, Michael J. et al. (2012) »Dead and Alive. Beliefs in Contradictory Conspiracy Theories« *Social Psychology and Personality Sciences* 3, 6: 767-773

Zajonc, Robert B. (2011) »Mere Exposure: A Gateway to the Subliminal« *Current Directions in Psychological Science* 10, 6: 224-228

Zick, Andreas et al. (2023) *Die distanzierte Mitte. Rechtsextreme und demokratiegefährdende Einstellungen in Deutschland 2022/23*. Bonn: J.H.W. Dietz

Zollo, Fabiana et al. (2017) »Debunking in a World of Tribes« *PloS one* 12, 7: e0181821